きのう、きょう、あした。

つばた英子
つばたしゅういち

主婦と生活社

さあ、いよいよです。
小さな丸太小屋で、落ち葉と換気扇のない
台所が生み出す簡素だけど優雅な日々。
英子さんとしゅういちさんの、
ていねいな暮らしを描いた
『あしたも、こはるびより。』
最終章、はじまります。

しゅういちさん
Shuichi Tsubata

1925.1.3 生まれ

B型

2015.6.2 永眠

享年90歳

人生

東京大学第一工学部を卒業後、建築設計事務所を経て日本住宅公団に勤務。つばた家のある高蔵寺ニュータウンなどをはじめ、宅地造成を担当。その後広島大学教授などを歴任。退任後は自由時間評論家として活躍。海とヨットをこよなく愛した。

英子さん

Hideko Tsubata

1928.1.18生まれ

O型

好きなこと 苦手なこと

好きなこと。畑、料理、編み物、機織りなど、手間ひまかけて行う手仕事全般。自分で食べるより、家族や来客においしいと食べてもらうのが喜び。苦手なこと。きっちり材料をはかること。ひとりでのお出かけ。

これまでの人生

愛知県半田の老舗の造り酒屋の娘として生まれる。身の回りのことは、ねえやがすべてやってくれる環境で育つ。体が弱く、母の手料理だけを食べて育つも、10代のうちに両親を亡くす。27歳でしゅういちさんとお見合い結婚。娘2人を育てる。

ようこそ、つばた家へ
ひとりになっても
毎日の営みは
変わりません

しゅういちさんのコックピットも、ベッドもアントニン・レーモンドさんからいただいた椅子もそのままに、つばた家の72㎡のワンルームは、その営みを続けています。ダイニングテーブルには、三度三度、英子さんの手料理が並べられ、しゅういちさんにも「陰膳」という形で、日々の食事が毎日用意されています。朝起きて、畑仕事をし、ごはんを作り、洗濯して…。今日も変わらぬ一日が始まります。

スコップで穴を掘り、一株一株植えた苗木が、こんなに大きくなった。夏は茂った葉が西日をさえぎり、冬は葉を落として日当たりよく。落ち葉は畑を豊かにしてくれる自然からの贈り物。まさに恵みの雑木林。

レモングラスのお茶はアイスティーにして。庭のレモングラスを刈り取って洗い、5㎝ほどの長さにカットして冷凍しておく。

レモングラスティー

まずは、お茶をどうぞ

暑いときには、冷えたお茶を、寒いときには熱々のお茶を。英子さんのおもてなしは、到着直後のお茶から始まっています。口の中にさわやかさが広がるレモングラスティーは「熱湯でいれてから冷やしておいたのよ」。残暑の訪問者にとっては、ありがたい一杯。「自分では冷たいものはほとんど飲まないのだけれど」と言う英子さん。キッチンガーデン生まれのお茶が、その日の気温や天候に合わせて振る舞われます。

ライムティーは枝で完熟した実をスライスし、カップに入れてお湯を注ぐだけ。「好みでお砂糖を入れてね～」

ライムティー

栗きんとん

秋のお茶請けには、家で採れた栗で作った栗きんとんを。

お茶碗を入れて、テーブルにセットしたかご。お湯が沸いたらティータイム。

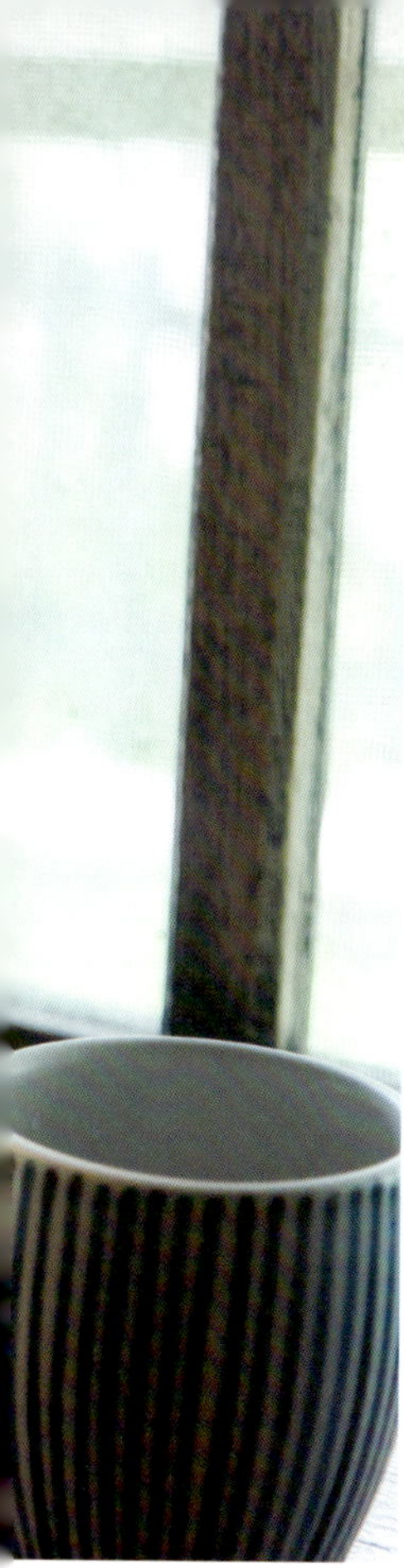

手間ひまかけた手料理で お客さまをおもてなし

冷凍のかつおに包丁が入らない！と、めん棒で上からたたくたたく。たくましい…(笑)。

今日のメインはおでん。「さあ、温かいうちにいただきましょう」

土鍋のふたを鍋敷きに

「こういう使い方があってるかわからないんだけどね(笑)」土鍋ごと、どーんと食卓へ。

山椒、わけぎ、ねぎ、みょうがたけ、自家製しょうがの甘酢漬け。かつおのたたきにかける薬味はたっぷり用意。

畑の野菜と吟味して取り寄せた肉や魚を、土鍋でコトコト。来客の数日前から準備することもある、土鍋の煮込み料理が、英子さんのおもてなし料理の中心です。

「うちで採れた野菜は土からちゃんと作って育てていますから、味がしっかりしていておいしいと思うの。だからあれこれしないで、だしで煮るのが一番ね」

ごくごく飲みたいハブ茶。冷めるのを待っていられず、桶で冷まして。

少しだけ便利に新しく

トースター

パンを焼いたり、ちょっとしたものの温めに使っていたトースター。娘さんが最新のものをプレゼント。

電話

「新しいのはどこからかかってきたかわかるのね。でもちょっと聞こえにくい。その点は黒電話はよかったわ」

ポット

長く使っていた、お湯を入れておくポットが壊れた。それを知った娘さんが新しいポットを持ってきた。

しゅういちさんが亡くなり、ひとりで暮らす英子さんを気遣い、娘さんが暮らしの道具の一部を新しくしてくれました。

かなり年季が入って、使い続けるのがちょっと心配だったトースターは、パンがおいしく焼けると評判のものに。電話は、シンプルだけれど録音ができ、迷惑電話で困らないように。今まであったものを、少しずつ新しくしながらも、変わらぬ毎日を紡ぎます。

レーモンドさんの椅子も

長年愛用してきた、レーモンドさんから贈られた椅子も座面を張り替えて。

キッチンガーデンも始めました

水まきで使ったじょうろが置きっぱなし。「あとでどこにいったかしらって捜すのよ（笑）」

これまで、しゅういちさんの塩抜き生活を最優先にしてきたので、畑のほうがちょっとおろそかになっていました。食べさせたい相手がいなくなった今、さてどうしたものかと思いあぐねたこともあったのかもしれません。

でもしばらくたってから、「お金は残せなくても、この豊かな土地を次の世代に残せたら、大丈夫」というしゅういちさんの言葉を思い出しました。

「そうね、今のままじゃダメね」

土地を守り、次に引き継ぐという自分の使命を思い出した英子さん。ゆっくりこつこつと。畑に足を運びます。

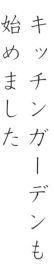

種類が少なくなっても、野菜を切らさないキッチンガーデン。白菜は、外側の葉をとって、中央の新鮮な部分をいただく。

手の行き届かなかった畑。今年は、春の種まきに向けて、草をとり、土を耕し、肥料を入れていく。

きのう、きょう、あした。

目次

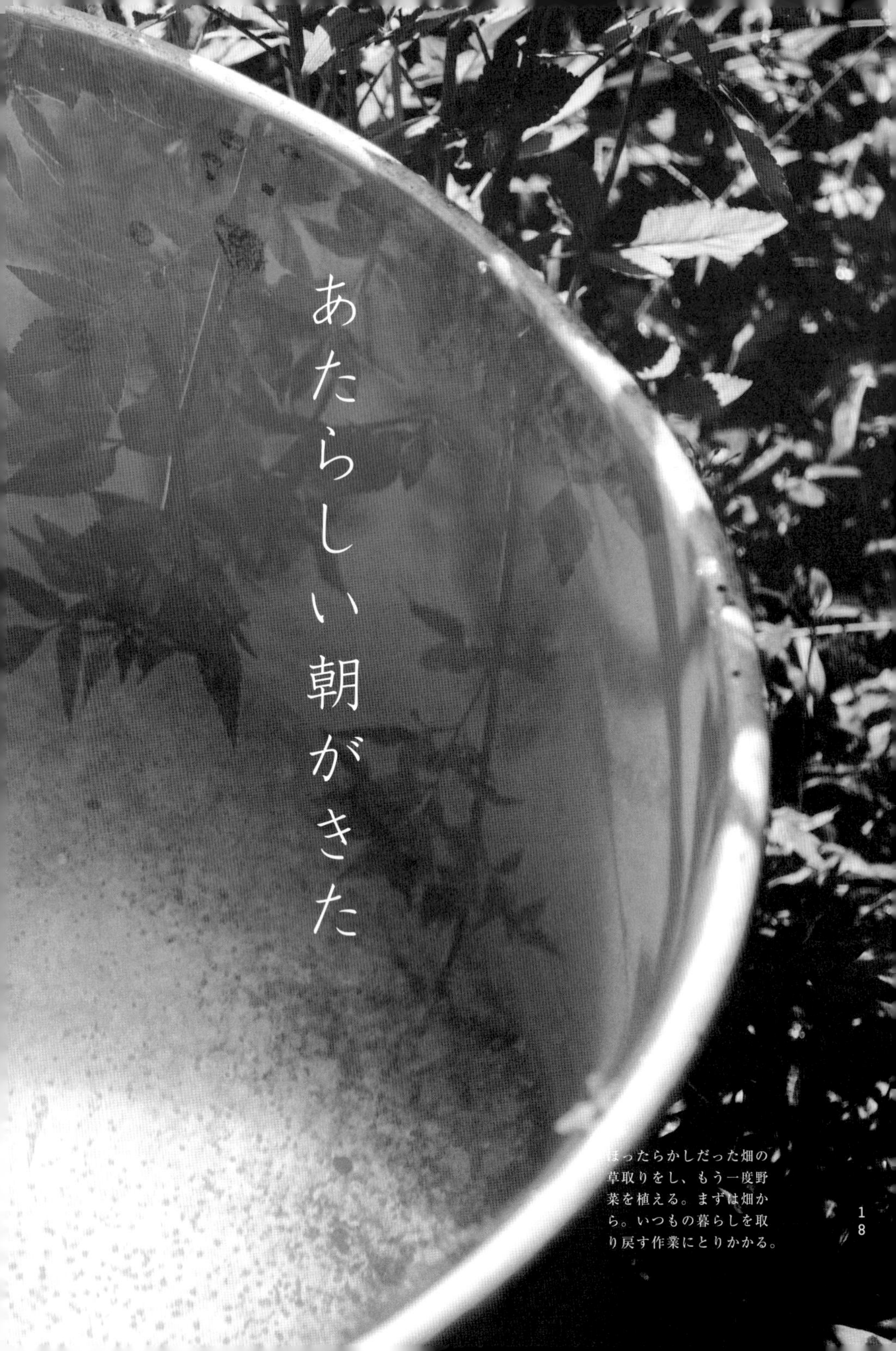

あたらしい朝がきた

ほったらかしだった畑の草取りをし、もう一度野菜を植える。まずは畑から。いつもの暮らしを取り戻す作業にとりかかる。

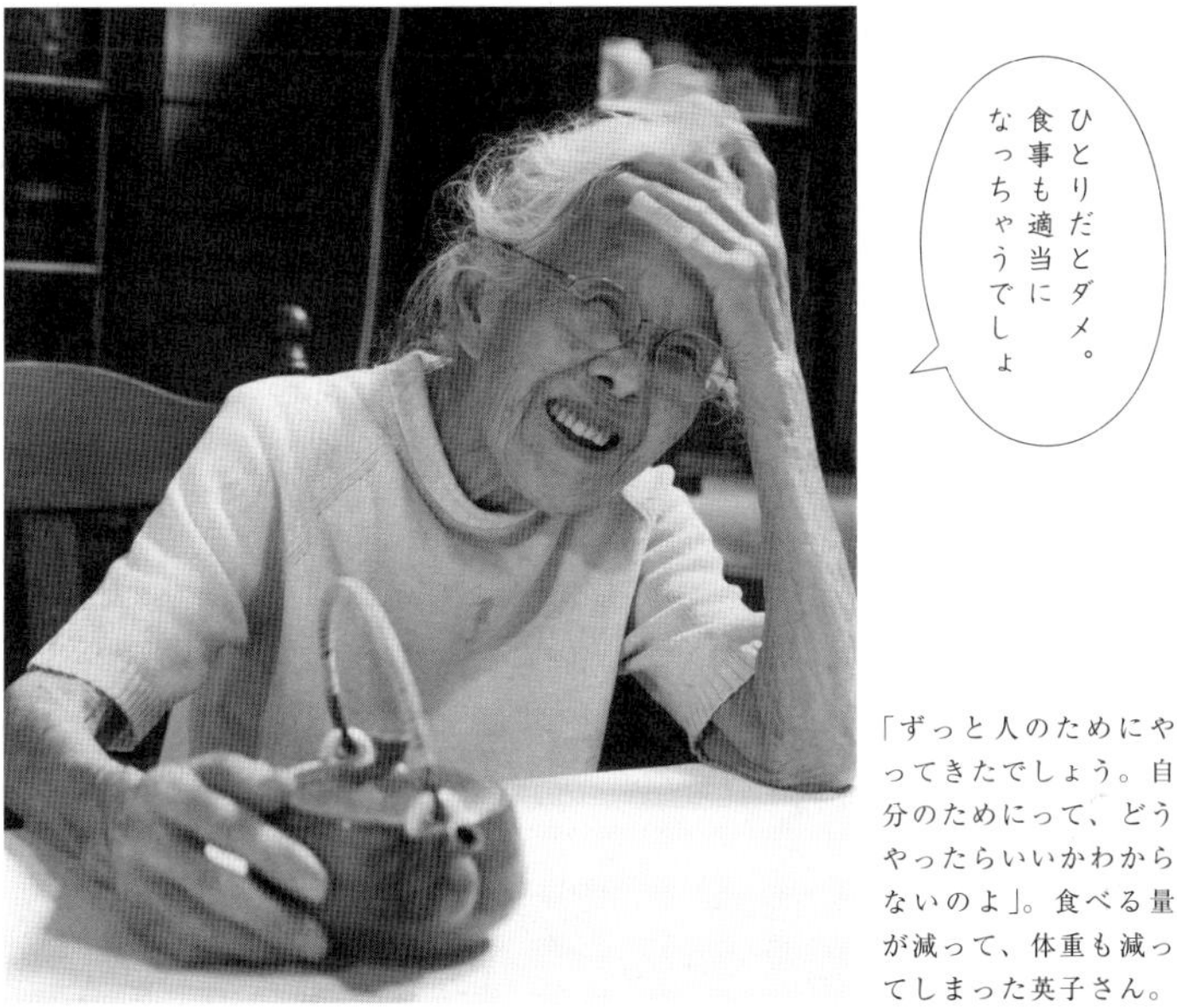
ひとりだとダメ。食事も適当になっちゃうでしょ

「ずっと人のためにやってきたでしょう。自分のためにって、どうやったらいいかわからないのよ」。食べる量が減って、体重も減ってしまった英子さん。

目方が減った

「今までずっと、しゅういちさんが決めたことについてきましたから、亡くなってしばらくは、どうしたらいいかわからなくてね」

食事の内容もしゅういちさんの体を気遣ったもので、自分はそれをいっしょにいただく。そんな暮らしでしたから、英子さんは指針を失い、暮らしのリズムが狂ってしまったようでもありました。

「毎日の食事づくりの勝手がつかめなくてね。自分のためだとやる気も起こらないし、何を作っても、何を食べても虚しいなぁって」。次第に、作る食事の種類や量も減ってきてしまったという英子さん。

「それで目方が減ってしまったのよ。ひとりはダメね、ジリ貧だなと思いましたね」

まっすぐな廊下と蛍光灯

しゅういちさんが体調を崩して入院をしたのが88歳のころ。

「腎臓の具合がよくなくてね。しばらく入院をしたのだけれど、〝病院のどこまでもまっすぐな廊下と光が目にきつい蛍光灯が嫌なんだよ〟と言っていましたね。それまでも病院に行ったり、検査をしたりがダメでしたから、入院はさぞかし嫌だったことだと思います」

ずっと体を気遣った食事を心がけてはきましたが、もう二度と入院させるわけにはいかない、これは思い切って体から塩を抜かなきゃいけないと思い、英子さんの減塩料理生活はスタートしました。

そのおかげもあってか、しゅういちさんの腎臓の調子はよくなっていましたが、90歳になったころ、今度

キッチンガーデンも
手つかずのまま…

背丈ほどもある草が一面に生えてしまったキッチンガーデン。これまでは草取りや種まきもしゅういちさんといっしょでしたが、ひとりではどこから始めたらいいものやら…。

は心臓に負担がかかるように。

「病院の先生に、もう90歳だからねぇと、具体的な数字を言われたのも、こたえたみたいでしたね」

2年くらいの間ずっと、しゅういちさんの健康のためにいろいろと調べ、試作をし、体にいいものをと作り続けてきた英子さん。

しゅういちさんが亡くなり、淋しくないですか？と尋ねたところ、

「淋しいというより虚しいという感じかしら。畑をやる気も起こらないし、一日のノルマを少なくしてなんとかやっています。おいしく食べさせるのが私の仕事だから、おいしいって言ってもらえるとうれしいの。そう言ってくれる人がいなくなって、虚しいって感情が出てきたのかしらねぇ。やることがなくなってしまったわって」

退院してから
描いたパネル

人のために生きてきた、うちに来てくれる人がいるから生かされた。ずっとそう言い続けていた英子さん。一番のお世話の相手でもあったしゅういちさんを亡くして、しばらくはどうしようかと思っていました。

「娘がね、仕事が終わってから電話をくれるんですよ。だから心配をかけないように、少しずつ暮らしのリズムを取り戻そうと思って。夏のころなら、朝は5時に起きて畑を1時間やってからごはんの支度。午後はゆっくり昼寝をして、夜も8時過ぎにベッドに入るようにペースを変える。そう、心がけています」

退院して家に戻ったしゅういちさんが、「やっぱりうちはいいなぁ、桃源だな」との思いをしたためたパネルと旗。

ふだんのおかずを陰膳に。しゅういちさんが好きだったチョコレートをお供えすることも。

しゅういちさんの陰膳 1

毎日の陰膳は、しゅういちさんがいつも食べていた酢ばすやきんぴら、白魚のオーブン焼きなどを少しずつ。これに、ごはんとハブ茶もセットにしてお供えします。バラ肉を梅で煮た角煮のようなメインディッシュを加えたり、献立はいろいろです。

「お父さんが食べていた多品目の食事を用意して、陰膳にしています。もう塩抜きはしなくていいから、少しは塩を入れるようになったけれどね。献立は生前とだいたい同じもの。朝に用意して、お昼にはお下げして、それを私がいただくの」

しゅういちさんにお供えした陰膳ですから、英子さんも大事にいただきます。

「陰膳は私の思いなの。しゅういちさんは毎朝、お腹

昼ごはんは陰膳を

陰膳を朝にお供えしたら、昼にお下げして、英子さんの昼食に。しゅういちさんがいつもおいしいと言ってくれたものをお供えしている。

すいたって起きてきてたから、今でもお腹がすいているんじゃないかと思ってね」

生前は月に一度食べる多治見のうなぎを楽しみにしていたしゅういちさん。

「好物でしたからね。月命日に陰膳をお供えするときも多治見のうなぎ。私もそれをお下げしていただくんだけれど、あらためてうなぎ、おいしいなって思うわね（笑）。今まではほとんどしゅういちさんが食べて、私はあまり食べませんでしたから」

しゅういちさんに便乗して、おいしいものを食べてきたという英子さん。食事にしてもおやつにしても外食はほとんどしなかったけれど、年に何度か一流のものをいただいて。

「そのときは気づかなかったけれど、今となっては、いい経験をさせてもらったと思いますね」

チョコレートケーキとパイナップルケーキ

同じものばかり作ってないで新しいものに挑戦しなくちゃね

「いつも同じデザートだから、少し本も読まないとね」。新しいことにチャレンジする気持ちも少しずつ芽生えてきた。

時が動き出す

「お父さんの陰膳に支えられて、毎日いろいろ食べてはいたけれど、それでも目方が減ってしまったでしょ。これじゃいけないなと思ったときに、お父さんの言葉を思い出したの。〝英子さん、人に依存しすぎないで、何でも自分で。こつこつやると必ず自分のものになるから〟って。それでまたやってみようって」

しばらくの間、手入れを怠っていた畑は、草が高く生え、再び取りかかるのは大変でしたが、折を見て甥御さんが草刈りに来てくれたり、娘さんが新しく札を作ってくれたりと、人の手も借り、元の姿を取り戻し始めました。すると、英子さんの気持ちも前向きになり、やる気も少しずつ戻ってきました。

「夜はゆっくりテレビを見る時間があってね。そのと

／畑もきちんとやるわよ＼

＼サフラン作りにも挑戦／

「きちんと食べないとね」の気持ちが、キッチンガーデンのやる気へとつながる。サフラン、ツァーサイなど、新しい植物への挑戦も始めた。

きにイタリアでサフラン作りを紹介する番組をやっていたの。それがすごくきれいで、私もやってみたくなって。サフランを使った料理なんて作ったこともないのに、おかしいでしょ（笑）。やっぱり私は畑に生かされているのね」

しゅういちさんの生前から企画が進んでいた著書『ひでこさんのたからもの。』の取材や、ドキュメンタリー番組の製作が大詰めを迎え、来客が途切れなかったことも、英子さんの気持ちの張りを支えました。英子さんの元気の源はやはり、誰かにおいしいものを食べてもらうこと。おいしいという言葉を聞けること。

甦った畑で作った作物を、来客に振る舞う。時を経ても変わらない英子スタイルが、しゅういちさんが残した言葉をきっかけに再び動き始めました。

／表札も／

新しくなった表札。名前の脇に添えられたイラストは、いまでもふたり仲睦まじく。

お父さんを受け継ぐ

ひとりになった英子さんを気遣い、仕事の合間に娘さんが高蔵寺を訪れてくれます。家のことは私の領分だからやらないでほしいと思っていましたが、「お父さんがやっていたことは、私がきちんとやるから」と娘さんが言ってくれたので、それに甘えることにしました。伸びすぎた枝を切ったり、壊れた水盤を直したり、これまでしゅういちさんが作っていた、畑の黄色い立て札も娘さんが新しく作ってくれます。

「やりたいことがいっぱいあるんだって。ありがたいことよね。お父さんのコックピットも任せたのよ」

一方、英子さんにも、しゅういちさんにかわっての仕事があります。しゅういちさんが亡くなってからも、折にふれて季節のものを送ってくださる方々へのお礼

黄札も
やることがいっぱいね

グリーンピース

しゅういちさんが決めた黄色がテーマカラーの立て札もそのままに。これから植える、新しい種類の作物の分は娘さんの手書きで。

のお手紙を出すことです。

「どういう方か、私が知らない方もいらっしゃるので、お父さんの名簿を見て、わかる方にはお手紙を送って。お父さんは筆まめだったでしょう。私はすぐためてしまうので、ちゃんとやらないとね」

あとは、生きてる限りは今まで通り。

「お父さんをあんまり待たせるのもねぇって言ったら、娘が、お父さんはその辺にいるから大丈夫よって」

この家を守って、娘や孫たちに引き継ぐこと。こつこつとつくり上げてきた豊かな土と畑を続けて、次の世代に渡すこと。

「それがきっとお父さんを受け継ぐことになるのでしょうね」

英子さんはおだやかに語ります。

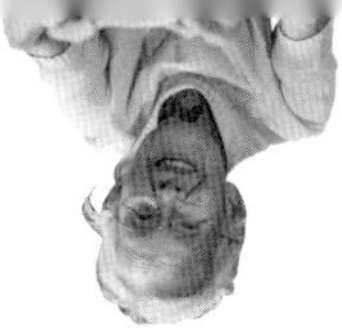

ずいぶん変わって
しまって。
私の心の中にしか
ないですよね、
ふるさとの景色は

高蔵寺
ニュータウン

名古屋市のベッドタウンとして1960年代に開発が始まる。風の通り道となる雑木林を残し、自然との共生をめざした、しゅういちさんのマスタープランは形にはならなかった。

昭和36年、36歳のころ

ふたりが高蔵寺に初めてやってきたのは、昭和36年。しゅういちさんが36歳のころでした。ちょうど春まっさかりの木曽路の入り口の、ここ高蔵寺で白いキャンバスにニュータウンの構想を思い切り自由に描いて。そのころはまだ、名古屋の団地に住んでいて、高蔵寺へは通いながら仕事をしていました。

「私は海の近くに育ち、山に憧れていたので、この風景はうれしかったですね。最初に来たときの山の空気はほんとうに素晴らしかった。しゅういちさんはその中を何か月もかけて歩いたの。高蔵寺の地形を壊さずにつくる、自然豊かな中に暮らす人々のためのマスタープラン。私もそのプランを見て、ここに育つ子どもたちの、きっといいふるさとになると思ったわ」

つばた家が引っ越してきた当時、山火事跡で緑のない状態だった高森山。「どんぐり作戦」と称して、地元市民約500人でどんぐりを植えた。しゅういちさんはその中心となって活動。今では緑豊かな森に。

しゅういちさんが考えたのは、地形を生かし、人と自然の共生をめざしたニュータウン。しかし、高度経済成長時代の当時、作業効率、利便性、予算などが先に立ち、マスタープランの実現はかなわず、山は削られ、大規模な団地が建ちました。

「その当時〝もう僕の居場所はなくなってしまった〟と口にしていました。悲しかったですね」

これを機に、公団の仕事からは距離を置くようになり、１９７５年に退職。しかし、木曽路の入り口に足を踏み入れて調査を重ねたときから、高蔵寺がどんどん好きになり、ここを離れることはもうないだろうとしゅういちさんは考えます。そこで、高蔵寺に両親と暮らすための３００坪の土地を買い、敬愛するアントニン・レーモンドさんの自邸を模した家を建てました。玄関のないひと間の家です。また、自然との共生をめ

雨水をため、畑の水まきに使う。これも自然との共生。天からの恵みをありがたくいただく。

ざし、自らが雑木林を育て、里山の一部になる実験も始めました。

その後20年かけて、機織り部屋、子ども部屋、農小屋をつくり、書きためた原稿などを入れる書庫も建てていきます。「お金が貯まったら、ひとつ、またひとつってね。大学の仕事が忙しかった時期でしたから、休みがあるときに、少しずつこつこつと」

その後、苗木だったつばた家の雑木林は、大きく育ち、しゅういちさんがめざした自然と共生する暮らしは実現しました。

「最近、ここへ来たころのあの風景を思い出すの。その町その町でいいところがたくさんあるのに、どんどん壊すばかりじゃね。自然とともに生きればいいのにって本当に思うわ。自分の暮らすところをふるさとにするっていう感覚を持てないのかしらね」

昭和36年、桃の花が真っ盛りのとき
木曽路の入り口、高蔵寺に来たの。

あきふゆ

すっかり日の短くなった秋。畑の野菜や果実が少なくなる冬に向けて、保存食作りなどに精を出します。寒さ深まる冬。地面には樹木が落とした枯葉を敷き詰め、春の芽吹きに備えます。

今年で２回目のチャレンジ、自家製干し柿。「昨年は干しすぎだったのか、カチカチになっちゃったの。今年は成功させたいわね」

先端がとがった形の筆柿。80歳のときに植えた苗が立派に育った。干し柿用は西条柿。熟しすぎないうちに収穫。

10月。干し柿を作る

＼収穫して／

＼皮をむき／

／ひもをつけ＼

／干す＼

雨のあたらない軒下で２週間ほど干す。手でさわってやわらかさが残っているくらいに干せたら、冷蔵庫で保存。

＼煮沸して／

4	3	2	1
	7	6	5

1まだ堅くて青みの残った西条柿。**2**「肩を下げて、疲れないようにむくのよ。ヘタは残してね」**3**沸騰したお湯に５秒ほどつけて、カビ防止。**4**ざるに上げて冷ます。**5**ひもの両端に柿を結びつける。２つで１組。**6**柿同士がくっつかないようにずらして干す。**7**あとは待つだけ。

秋のキッチンガーデン

秋の畑は来年の収穫に向けた準備のとき。豆や麦の種をまき、サフランやユリ根の球根植えもこの時期です。収穫できるのは翌年になりますが、先のことを考えた、〝時をためる〟作業がここでも営まれています。「球根は最初のうち、毎日ちょこちょこと世話が必要なの。芽が出てから、少し大きくなるまでは手がかかるわね」

枝に残った最後の花柚子を収穫。「本当はゆべしにしたかったんだけど、今年は手がまわらなかったわねぇ」

\ サフランに挑戦 /

今年はサフランに挑戦。「手始めに50球取り寄せてみたの。さてどうなることかしら」

ハブ茶の実

青いさやが金茶色に熟したら穫り入れどき。1か所にまとめて十分に乾燥させる。

軒下の苗床には欠かさず葉ものを植えて。小松菜、ルッコラなど間引きながら食べていく。

1月。雪の朝

雑木林と畑が雪におおわれ、公園の木々とひと続きに。まるで冬の森の中を訪れたよう。

梅のつぼみはまだ固く、雪の中で春を待ちわびて。鳥たちへのプレゼントに残した南天の赤い実が目にも鮮やか。

畑の黄色い札が雪の白にくっきりと映えて。しゅういちさんの書いた文字が、雪の中から静かに語りかけてくれているかのよう。

「農小屋は大丈夫かしら」。すべらないよう慎重に、ゆっくりと階段を下りる英子さん。

朝起きると一面の雪景色。枝に実った甘夏と立て札の黄色がいっそう際立ち、畑の区画もわからないほど真っ白です。土の中で春を待つ作物たちは大丈夫かと心配になりますが、雪の下にある、秋に集めたたっぷりの落ち葉がきっと守ってくれているはず。
「今日は何もできないわね。靴下でも編みましょうか」

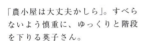

土の中で春を待つ作物たちのために、枯葉のお布団をかけて。冬の晴れ間を逃さず畑へ。

＼今日の収穫／

冬のキッチンガーデン

一見すっかり枯れているようだけれど、冬のキッチンガーデンにも、じゃがいも、かぶ、大根、白菜などおいしい野菜が育っています。野菜が不足しがちな冬に、これらはありがたい存在。天気のいい日には干し野菜を作り、長い冬の保存食として活用。
「冷凍に干し野菜に、採れたものは無駄なくいただかないとね」

＼ライム／

「ライムってグリーンのイメージでしょ。木にならせたまま放っておいたら、熟して黄色くなったの。これもジューシーで意外とおいしいのよ」。見た目はレモンのようだけれど、香りはライムのさわやかさを漂わせて。「ライムティーでいただきましょうね」

２月。春の気配

雪の中で固く縮こまっていた梅のつぼみが、暖かな風に誘われて、一気に開花。春の訪れまであと少し。

少しずつ日差しの暖かな日が増えて来るころ、一番に春の兆しを教えてくれるのが庭の花々です。

「増えすぎたクマザサを少し減らして、そこに球根を植えたの。小さくてかわいいでしょ」

きれいな花に誘われて、英子さんも今年の畑仕事へのスタートを切り始めます。

水仙

ヒヤシンス

クリスマスローズ

「部屋から見える場所に植えたの。これならお父さんにも見てもらえると思って。ほかにもそのうち出てくるわよ」

冬を越した白菜。外側の葉をとればおいしくいただける。

英子さんの器

右／名古屋の催事で買った九谷焼。「一目惚れだったの。桜餅をのせようと思って」
左／砥部焼のティーポット。「こっち(右)は新婚の頃に買ったもの。こっち(左)は最近買ったのね。そうしたら同じ形だったの(笑)。好きなものがかわらないのね」

「昔から持ってるちょうちょのお茶碗。おひなさまの支度で赤い器を探していたら出てきたの」

「昔から器は好きだったけれど、お父さんが興味ないでしょ。だから一緒に出かけても、ゆっくり見たことなんてなかったわね（笑）」

　お嫁入り道具以外は、名古屋のデパートや通販で少しずつ買いためたものがほとんど。砥部焼、古伊万里、ヘレンド…。「好きなものはずっと変わらないわね。使いやすくて、どこかかわいいの」

半田からお嫁入りのときに持ってきた塗りのお皿。和菓子をのせるのに。

娘さんと旅行に行ったときに買った古伊万里。おもてなし用の華やかな器。

伊万里を訪れたときに立ち寄ったギャラリーで買った器。「私、白磁や青磁が大好きでね。何を盛っても様になるのよ」

前日から土鍋でことこと煮込んで、だしの味がたっぷりとしみ込んだ治部煮と煮物。「時間がおいしくしてくれるのよ」

「アツアツ炊きたてじゃないと、握りにくいわね」と言いつつ、形よくどんどんお皿に並べられたおにぎり。チキンとじゃがいものオーブン焼きに添えて。

大皿から自分のお皿にひと通りのおかずをとり、栄養バランスもばっちり。「いただきま〜す」

秋冬のおもてなし

大皿に盛りつけて、それぞれが好きなものを自分のお皿にとっていくのが英子さんのおもてなし料理のスタイル。治部煮、チキンのオーブン焼きなど、その日のメイン料理に添えられるのは、キッチンガーデンで採れた葉ものやオーブンでパリッと焼いた白魚など。「青いものはたくさん食べないとね。小魚も若い人はあまり食べる機会がないでしょ。これならたくさん食べられるから」

味はもちろん、健康への配慮もおもてなしの味わいのひとつです。

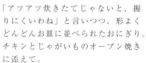

暮らしを取り戻す

「ゆべしにしたかったんだけど、なかなか収穫できなくて。熟れすぎたわねぇ。来年はがんばるわ」

映画『人生フルーツ』のパネル。しゅういちさんの写真、大好きだったヨットとともに棚の上に飾って。

映画が公開

70歳を過ぎたころから、たくさんの人たちが来て取材をしていきましたね、と語る英子さん。その取材のひとつが2017年、映画になりました。しゅういちさんと英子さんの時をためる暮らしぶりとキッチンガーデンの様子を2年間追い続け、まとめたドキュメンタリーです。

公開後は、にわかに身の回りが騒がしくなりました。お客さまが増えたり、トークショーやインタビューのお話があったり、なかには困ったことに自宅を急に訪ねてくる人があったり。

「お父さんがいたらまた違ったんでしょうけれどね。私だけだと、なかなか対応が難しいの。早くいつもの暮らしのペースに戻したいですね」

お昼寝中はドアノブに札をかけて、「起こさないでね」のメッセージに。

畑とシエスタがおろそかに

「しゅういちさんが亡くなってからしばらくは、畑をやる気力がわかなくて、目方も減ってしまって。その上、映画が公開になってお客さまが増えたこともあって、それまで午後2時くらいからしていたお昼寝の時間もなかなかとれなくなっちゃったの。先週もほとんど毎日お客さまだったから、畑もできなかったし、お昼寝も全然よ」

映画公開前後の2016年末から2017年2月くらいにかけては、取材が多かったうえに、孫の結婚が決まったりと、人が集まる機会がいつになく増えました。おもてなしの準備が重なり、英子さんは体験したことのない忙しさに見舞われました。人が来てくれることで生かされていると考える英子さんであっても、

種まきに備えて、土の準備。腐葉土やもみ殻など日に干して。

毎日の暮らしのペースが崩れるほどに忙しくなってしまっては、元も子もありません。

「みんなが来てあわただしくしていたら、水を飲むのを忘れちゃって、膀胱炎になっちゃったのよ。1日最低2ℓはとらないとダメね。反省して、意識的にハブ茶をこまめに飲むようにしたわ」

お客さまが増えたことは、食生活にも影響を及ぼしました。しゅういちさんは魚を好まず、小魚やかつおのたたきなど、限られたものしか食べませんでしたが、来客に合わせてこれまで食べなかったさば、ぶりや鯛のアラなども料理するようになり、英子さんもいっしょに食べるようになったのです。

これまでは、魚にほとんど縁のなかった食生活。英子さん自身も、幼いころから腸が弱く、お刺身などの生魚もほとんど食べてきませんでしたから、大きな変

シエスタ明けは、お茶と手作りデザートでおやつの時間。

化です。さらに、おやつの準備もなかなか手がまわらず、市販のものですますことが増えていました。

「これまでは、たとえばおやきに入れる小松菜がなかったら、それひとつを買いにいくために、有機野菜のお店までバスに乗って行っていたんですよ。口に入れるものひとつひとつを吟味するのが当たり前だったから。でも、最近はほんとうに忙しくて、ちょっと足りないなと思ったら、その辺で買うようになっちゃって。畑にも手がまわらないから、野菜もスーパーで買ったり、魚も外国産の青魚を買ったりしたんですよね。そうしたら、じんましんが出るようになってしまったの。病院に行っても全然治らない。それで、ああ、これではいけないな、やっぱり人を生かすのは食べ物なんだって気づかされたっていうか…」

食は命と言いながら、しゅういちさんが亡くなって

フェイジョアのリキュール

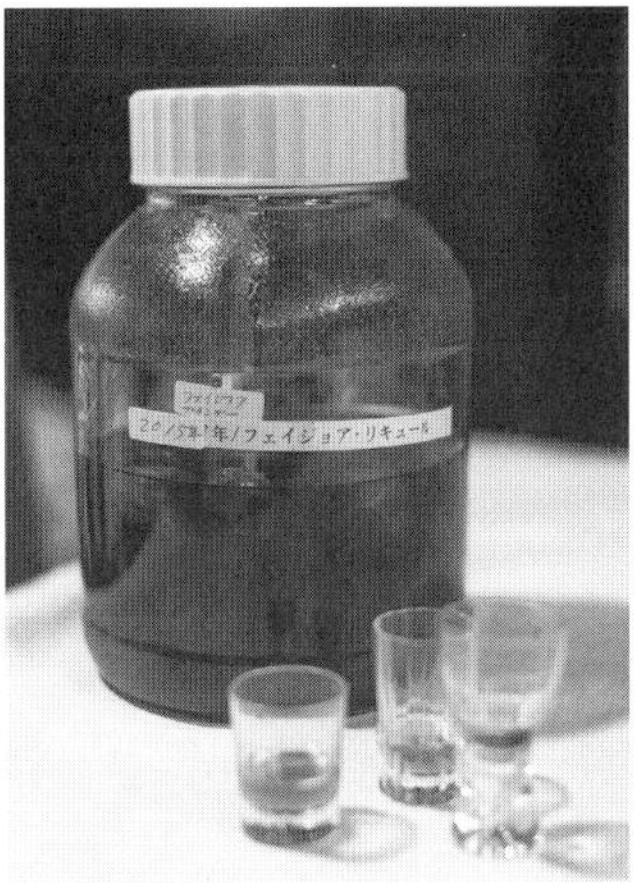

フェイジョアの実は焼酎に漬けて。「梅酒みたいな感覚ね」

今年のらっきょうは１瓶だけ。昨年のものから少しずついただく。沖縄らっきょうを育てるのも今年の楽しみ。

らっきょうの甘酢漬

からというもの、自分が口にするものへのこだわりが薄れてきてしまっていたことに、体の変調によって気づかされた英子さん。40年以上もの間、自分で作った野菜を食べてきた体が、悲鳴を上げているのだと悟りました。すぐに昔から食べているものに戻さないとダメだと奮起。季節はちょうど取材や来客のピークが過ぎた春、３月。再び畑仕事に精を出し始めました。

「うちの畑は土が違うのね、やっぱり。いっぺんにたくさんはできないけれど、時間をかけてゆっくりとやっていくわ」

今年の目標は、暮らしのペースを取り戻し、畑と機織りをちゃんとやること。そう決めました。

「そろそろ取材はお断りして、自分の暮らしに戻ろうと思うの。マフラーも靴下も全然作れていないし、娘も孫も忙しいから手伝ってあげないといけないしね」

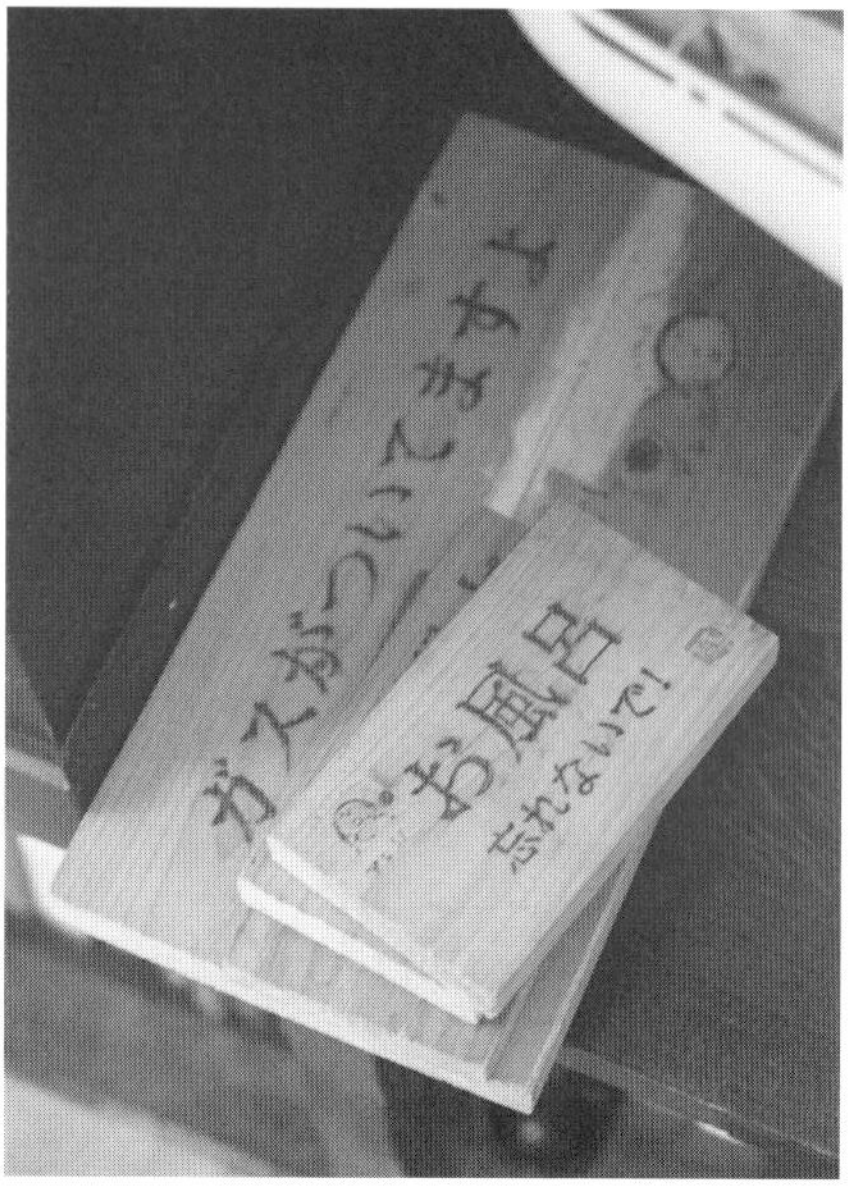

上／しゅういちさんお手製の、瓶や容器の木製ぶた。左／英子さんへのお知らせ札。

しゅういちさんの残したもの

英子さんが暮らしの中でしっくりこないことがあって、「お父さん、これどうしよう?」と相談すると、しゅういちさんはいつも「じゃあ、なんとか考えましょう」と言ってくれたのだそう。

「プラスチックの容器のふたがどうも好きじゃないのよね」と話すと、ピッタリサイズの木のふたを作ってくれたり、畑や家のやりかけの仕事を忘れないように、木の札を作ってくれたり。

「うちの中には、お父さんの作ったものがいろいろと残っているの。こういうのを見ると、知らないうちに支えてもらっていたんだなぁって思うわね。畑もいつも、お父さんが片づけてくれていたからスムーズにできていたのよね。だから今、あまりにもやりっぱなし

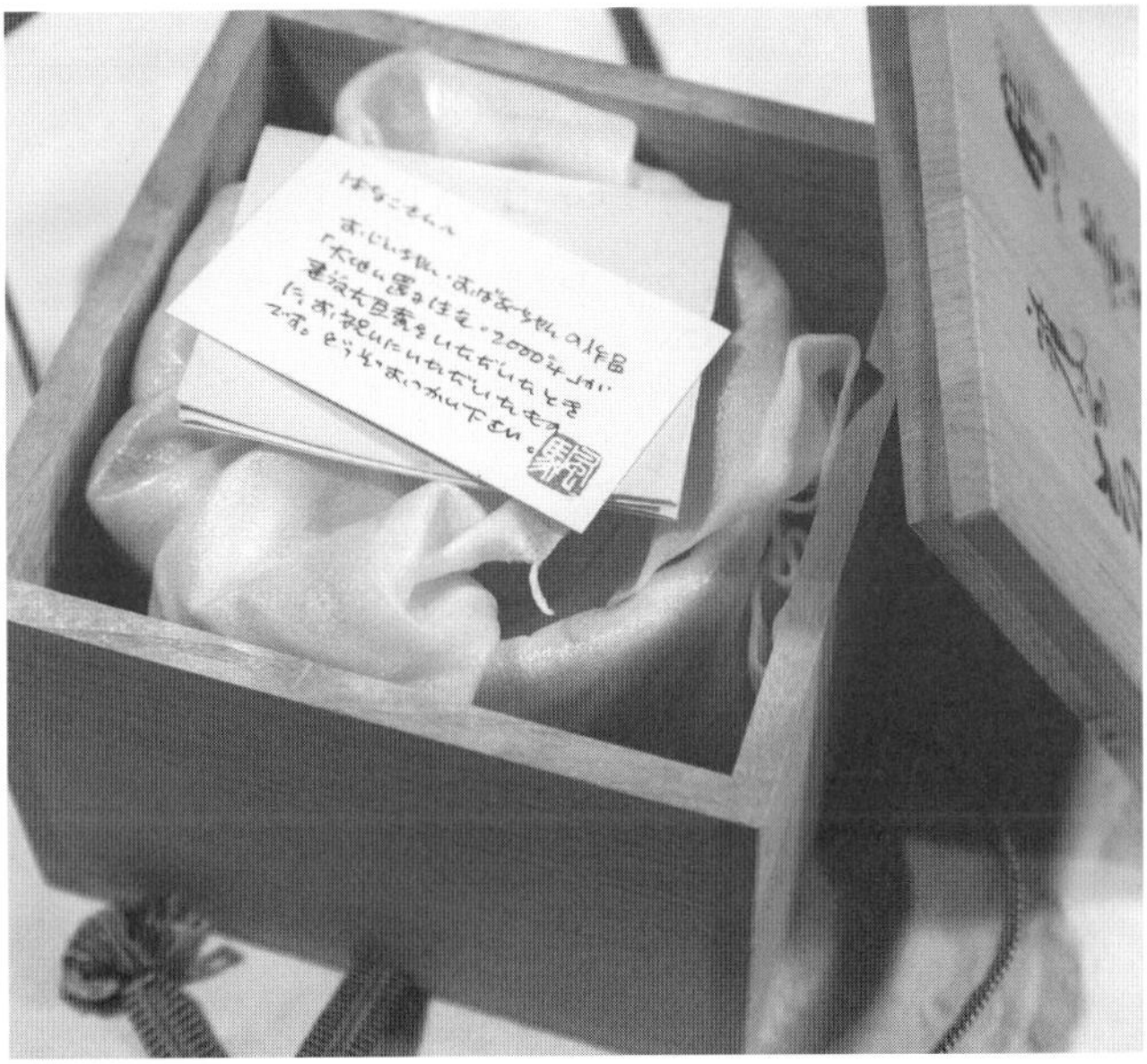

はなこさんへいつか贈りたいと、ふたりで準備した抹茶茶碗。しゅういちさんからのメッセージカードも添えて、あとは贈る機会を待つのみ。

のときは、〝ごめんなさい。あとでちゃんとやるから〟って心で謝っていますよ（笑）」

英子さんが50歳くらいのときのこと。しゅういちさんが「これからは何をしたいですか？」と尋ねるので、機織りでも始めようかしらと話したのだそう。そのときは「いいですね」と答えただけのしゅういちさんでしたが、しばらくすると、なんと機織り機が届きました。英子さんが知らぬ間に、しゅういちさんが機織りの人にどんなものがよいか話を聞き、自ら図面を描き、サイズや形など、英子さんにぴったりなものを職人さんに作ってもらったというのです。

「びっくりしましたねぇ。すっかり忘れていたけれど、そのときそのときを思い出すと、ああ、これも買ってもらった、私は本当にお世話になってたんだなぁって、亡くなってから思いますね、あらためて」

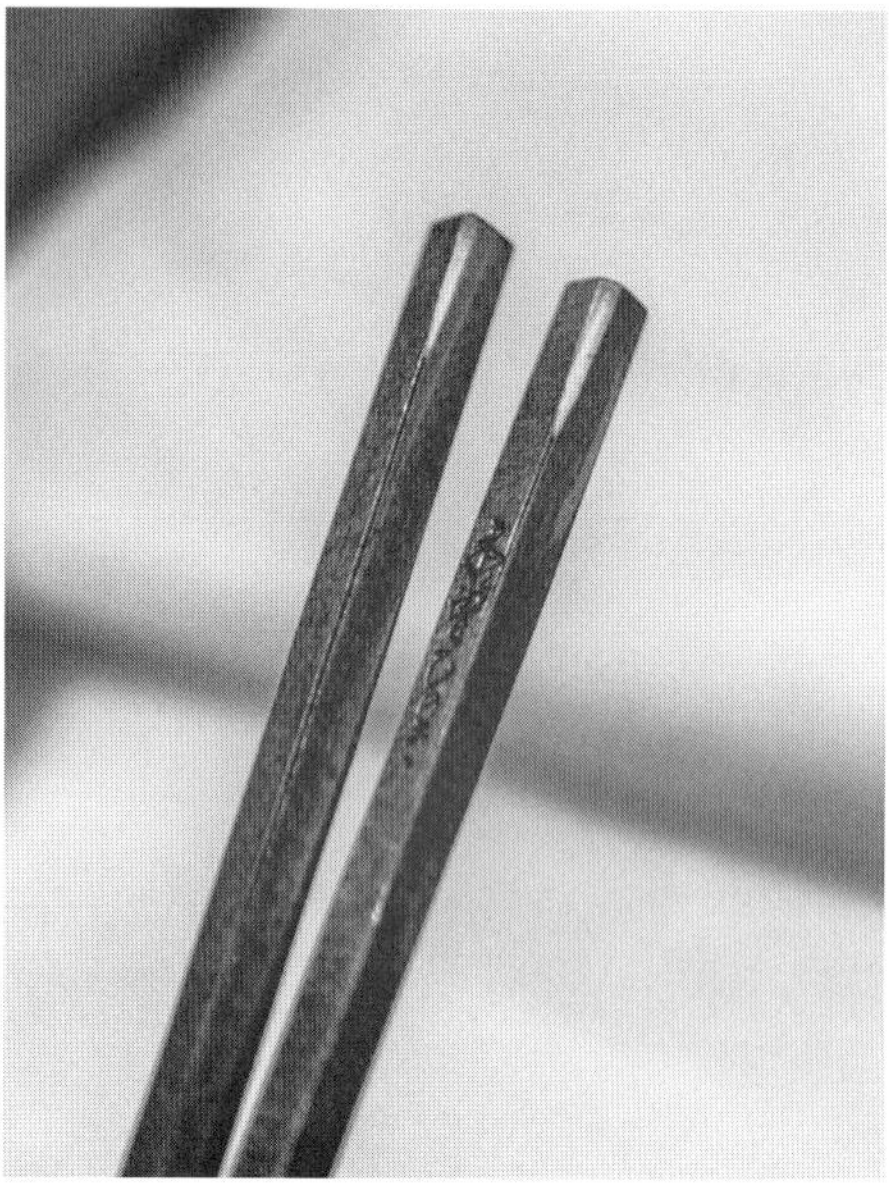

お箸の始末

古くなった箸は菜箸に。「普段使いの箸と交ざらないように、包丁で角を少し削って、目印にしているの」。いいものを最後まで使い切る〝始末〟の心がここにも。

始末の暮らし

無駄を出さずに最後まで使い切ることを「始末する」といいます。いいものを長く大事に使い、その役割をとことん堪能する知恵。英子さんの暮らしでも、料理、道具使い、身につけるものなどにおいて、その工夫を随所に見ることができます。

「昨年、板粕をたくさんいただいたのね。お砂糖と少しの塩を加えて、甕《かめ》にぎゅっぎゅと詰めて粕漬けを作ったの。春から秋までおいておくとベタベタになってくるのよ。それを使って野菜や魚、肉を漬けると風味豊かになるの。時間をかけて作った粕なので、おいしく無駄なく使いたいでしょ、だから最初は生で食べるきゅうりやしょうがを漬けて、そのあとで魚や肉を漬

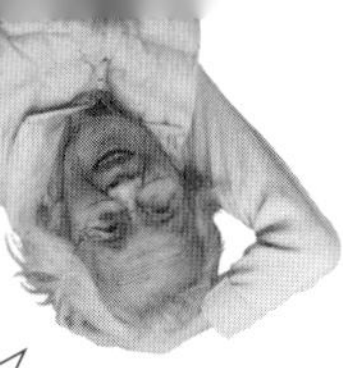

粕の始末

粕漬けは、野菜→魚・肉の順に漬けて使い切る。最初にきゅうりやしょうがを漬け、少し酸っぱくなってきたらさわらやたらなどの白身魚、赤身の肉などの風味づけに。

けていくの。順番が肝心。ちょっと食べてみて酸っぱくなりすぎたなと思ったら捨てどきよ」

板粕は薄いものは焼いて、砂糖醤油で食べたりするそうですが、厚いものは粕漬け用に甕に漬けると、英子さんは言います。

「私は酒屋の娘だから、塩梅《あんばい》がわかるのよね」

揚げ物の油も、そのつど処分したりしません。

「1回揚げた油はこしておいて、次に揚げるときに新しい油を継ぎ足して使うの。だいたい古いのが1、新しいのが2の割合がちょうどいいかしら」

肉の昆布締めに使った昆布を、だしをとるのに使ったり、だしで使った干し貝柱はもったいないからと、炊き込みごはんに混ぜていただきます。ただもったいないというだけでなく、質のいいものをきちんと使い切りたいという意識が、そのような工夫を生み出して

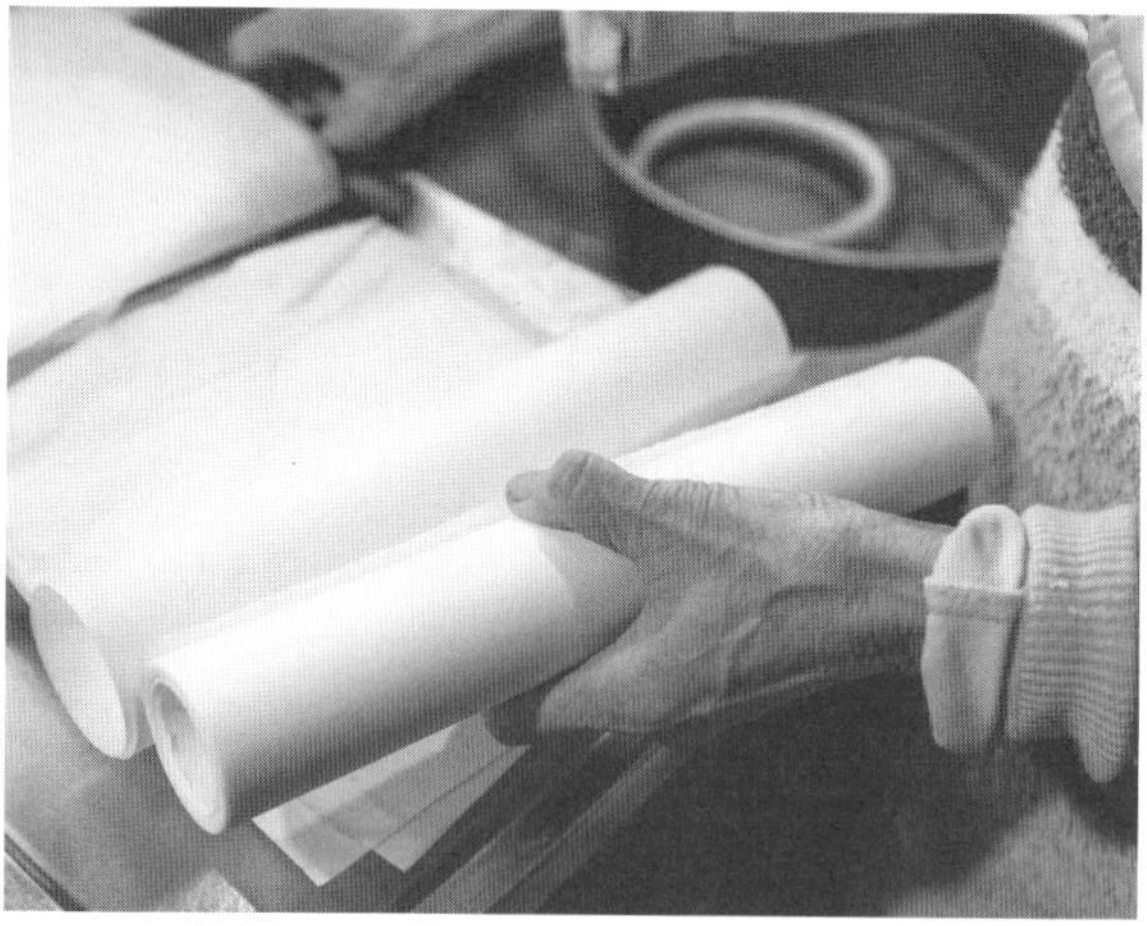

揚げ油の保存

1

障子の張り替えで余った障子紙を揚げ物の敷物に活用。「下にティッシュを敷いて、その上に障子紙を２枚くらい重ねると、揚げ物の油をいい具合に吸ってくれるのよ」

いるようです。

洋服の始末のしかたは、主にお下がりで。しゅういちさんは新年には冬のもの、６月には夏のものを新調していました。まだまだ着られるお古はお下がりにして英子さんが着る番です。

「お父さんのシャツは高級なラクダのものでしたから、すごくものがいいんですよ。洗ってだんだん縮んできたものを私が着るんです。ちょうどなじんで着心地もいいしね。ただ、縮んでもまだ私には大きかったわね。それに慣れちゃったから、今でもだぶだぶが好きなのよ（笑）」

2

揚げ物には菜種油を使ってカラリと揚げる。揚げ終わった油は、こして瓶に保存しておく。

3

「次の揚げ物のときは、残り油1に対して、新しい油を2加えて、混ぜて使うの。順送りにすれば、古くならないし、無駄なく使えるでしょ」

いろいろなシーンで登場する英子さんのおにぎり。お弁当のおにぎりは、娘さんが東京に帰り、仕事場に直行するときなどに持たせる愛情弁当。ほんの少しのおかずも添えて。

英子さんの一日

季節にもよりますが、英子さんの朝はだいたい6時頃から始まります。雨戸を開けて、門灯を消して、7時くらいまでもう一度寝てしまうことも（笑）。

そのあとは、朝食。台所を片づけて、洗濯物を干して、畑を1時間。10時のお茶のあとは、お昼の準備にとりかかります。

「以前は、畑の時間は2時間だったけれど、今は1時間。疲れないようにしながら毎日続けるの」

14時くらいからはお昼寝タイム。1～2時間寝る、というか横になり、体を休めるのだそう。

「お茶とお昼以外ほとんど立ちっぱなしですからね」

16時以降は、戸締まりをしたり、栗が落ちたのを拾ったり、トマトをピューレにしたり、収穫や下ごしら

私はカラスの行水。
5分もお風呂に入れないわよ。
みんな長いね～。
何をやってるの？

ある日の英子さん

7時	起床
8時半	朝食
9時	畑
10時	お茶
12時	昼食
14～16時	シエスタ
18～19時	夕食
20時	編み物
21時	入浴
22～23時頃	就寝

えの時間。アイロンがけもだいたいこのタイミングです。18～19時くらいまでに夕食。台所を片づけたら1時間ほど編み物タイムです。最近はこのペース。静かにゆっくり靴下を編む時間ができました。そしてだいたい22～23時頃就寝。

「いつでも起きられて、いつでも寝られるの。悩みごとなんてないもの。お父さんがいたときは夜中に軽食や導尿なんかもあったから細かく起きていたけれど、今は朝までぐっすりよ」

やることはゆっくりでも、しゅういちさんが何でもひとりでやりなさいって言っていたから、それを守って毎日こつこつとやっていくわ、と英子さんは飄々《ひょうひょう》と語ります。

ふかふかとやわらかく、足を包み込む英子さんの靴下。「ねえやから教えてもらったこの編み方一筋よ（笑）。ずっと編んできたこのやり方しか知らないから」

そろそろ靴下でも編もうかね

「最近また靴下を編み始めたのよ。いつも送ってくれる山梨の姪っ子からの糸がまだ届かないから、待ちきれなくてマフラー用のいい糸で編んじゃったわ。もったいなかったかしら（笑）」

晩ごはんを18時に食べたら19時には台所もきれいに片づいてしまいます。寝るまでの1～2時間は、編み物をする時間がつくれるようになりました。しゅういちさんが亡くなってすぐは、時間があっても編みたい気持ちになれなかったのだそう。

「時が助けてくれたのかしらね。最近はようやく手を動かしたい気持ちが甦ってきたんですよ。いろいろな方に差し上げるように、今年はしっかり編まないと」

手仕事を楽しむ時間と心の余裕が戻ってきました。

やっと靴下を編みたい
気持ちになってきたのよ。
これまでは時間があっても
編みたいと思えなかったから。

英子さんのお菓子と料理

「いらっしゃい。疲れたでしょう。さあ、座って。お茶でもいただきましょう」。お客さまを招き入れるときの英子さんの第一声。気を遣わせず、わが家に帰ってきたかのようなやさしい空気が漂います。

パイ生地を焼いてクリームを塗っていちごを並べたシンプルなストロベリーパイ。「畑のいちごはまだまだだから、これは買ったものだけれど」。中央には89歳の誕生日を迎えた英子さんの年齢の数字ろうそくを添えて。

栗タルト

「栗にはキャラメルが合うかなと思って、今日はこの組み合わせで。今朝、思い立って作ってみたの。どうかしら」

簡単に作ったかのように言う英子さんですが、それも、タルト台とゆでた栗が冷凍庫にあるからこそ。日々の積み重ねが、心のこもったおもてなしを支えます。

＊キャラメルは砂糖150g、水50ccを鍋に入れて火にかけ、沸騰して茶色くなったら、生クリームを加えて、あまり固くならないうちに火を止める。ゆでた栗（味つけなし）を適量加えてキャラメルと和え、タルト台に敷きつめて180度に予熱したオーブンで3～5分焼く。

蒸しパン

「和菓子の本を参考に、あんこ入りの蒸しパンを作ってみたの。ゆずを少し入れて風味づけをしたらおいしいかなって。ほんとうはもっとふわっとふくらむはずだったのよ。何でかしらねぇ」

栗がぎっしりと詰まった秋の味覚を味わうタルト。「鍋に余ったキャラメルはさらに煮つめて、生ピーナッツと和えてもおいしいわよ」

こしあんとお汁粉

こしあんは土鍋に小豆５００ｇと水を入れ、沸騰したらゆでこぼし、もう一度水を加えてゆでこぼす。再び水を入れ、小豆がやわらかくなるまで煮る。これをこして鍋に戻し、好みの分量の砂糖を加えて火にかけ、好みの固さになるまで混ぜながら煮る。お汁粉は、鍋にこしあんと水を入れ、火にかけて溶き、お餅を焼いて合わせれば完成。

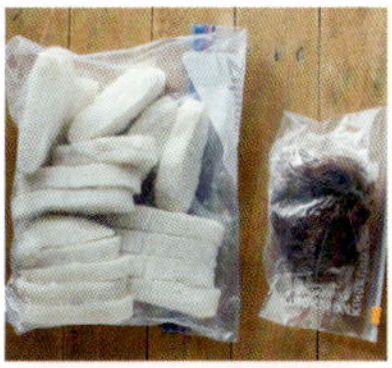

お餅とこしあんの、冷凍お汁粉セット。こしあんは、利休饅頭を作るときにも重宝する。

甘さはどう？

さくらんぼのロールケーキ

さくらんぼの酸味とカステラの甘みの相性が絶妙なロールケーキ。

「昨日焼いて、ふきんで包んでおいたの。1日おくと切りやすいわね」

＊全卵3個にグラニュー糖80gを加え、ツノが立つくらいにしっかりと泡立てる。溶かしバター50g、粉類（薄力粉75gとコーンスターチ小さじ1を合わせてふるったもの）、ラム酒少々を入れて混ぜる。天板に紙を敷いて、バター（分量外）を塗り、100度（英子さんのオーブンで。通常は180度）で15分ほど焼く。天板から生地を取り出し、さくらんぼのジャムを塗って巻く。

「さくらんぼのジャムはちょうど1瓶分。カステラに厚みがあったから、巻くときに気泡がつぶれて少し固いかも。もっとふわっと巻かないとダメね〜」

ホームベーカリーでパンを焼く

今年に入ってから、つばた家にホームベーカリーが仲間入りしました。朝食にいつもパンを食べる英子さんのことを思い、娘さんが購入してくれたもの。付属のレシピブック通りに焼くのかと思いきや、「スキムミルクがなかったから、かわりにクリームチーズを入れたのよ。こういうの作るときに、いつも何か足りないの（笑）」。材料が足りないから作るのやーめた、ではなく、他のもので代用できないかしらと工夫するのが英子流。今日のパンも、ほんのりとチーズの香りが口の中に広がる、風味豊かな焼き上がりになりました。

＼焼き上がりました／

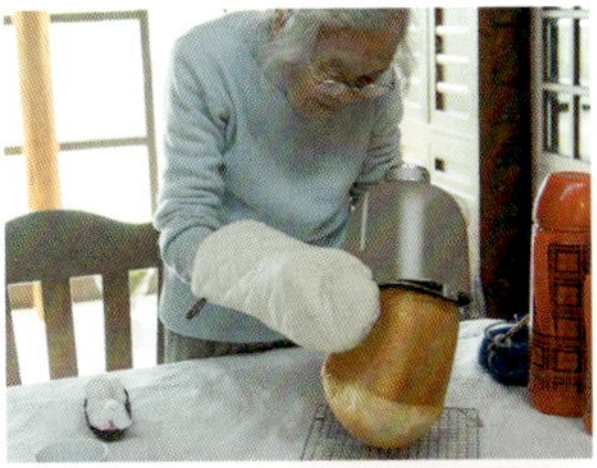

「最初に食パンの山の部分を切っちゃうのよ。え？　違うの？　こうすると、残りをスライスしやすいじゃない」

おやき

甘くないおやつにと、英子さんはおやきを切らさないようにいくつも作って冷凍しています。

「みそを3種類使うのが、ポイントなの。食べるときには、ホイルに包んでトースターで蒸し焼きにすればおいしいですよ」

＊豚ひき肉を炒め、さっとゆがいた小松菜（なすに置き換えてもおいしいと英子さん）を刻んで加え、紅麹みそ、赤みそ、白みそで味つけしてあんを作る。強力粉に水を加えて練り、皮を作る（耳たぶくらいの固さにまとめる）。皮を小分けにして薄くのばし、あんを包む。皮が透明になるくらいまで蒸し、冷まして冷凍する。

ぶりの煮物

「おじいちゃんがあまり好きじゃなかったから、煮魚とかはあまり作らなかったわね。魚はフライか、旬のかつおだけ。ぶりの煮物も作り始めたのは最近よ」

好奇心旺盛、研究熱心な英子さん。お客さまが喜ぶ新しいメニューにもチャレンジし続けます。

＊しらたきは軽くゆで、ぶりは一度熱湯にくぐらせておく。土鍋に冷凍のごぼう、しらたき、ぶりを入れ、昆布とかつおのだしをひたひたになるまで注ぐ。酒、みりん、とびうおだし、黒砂糖少々を加え、2時間ほどコトコトと煮て冷ます。食べる前に、再びだしを足してもう一度煮る。

治部煮

冬に、特にお正月恒例の、家族みんなが大好きなメニューが治部煮。合鴨がでる季節になると毎年作っています。

1・2 鍋にだし汁を400cc程度入れ、酒、みりん、とびうおだしを1：1：1の割合で加え、煮立たせる。味見をし、甜菜糖と塩で味を調える。お麩を入れ、味がしみるまでコトコトと、だしがなくなるくらいまで煮て、鍋から取り出す。「いつもは金沢のすだれ麩だけれど、切らしていたので今日は京都の生麩よ」

3 合鴨肉は5㎜厚さにスライスし、片栗粉をまぶしておく。

4 **2**の鍋に新しいだし（だし、酒、みりん、とびうおだし、少しの甜菜糖と塩を入れたもの）を足して火にかける。

5 煮立ったら、**3**の合鴨を入れて、汁をまわしかけながら煮る。合鴨に火が通ったら鍋にお麩を戻し、軽く混ぜ合わせる。

1

2

3

4

5

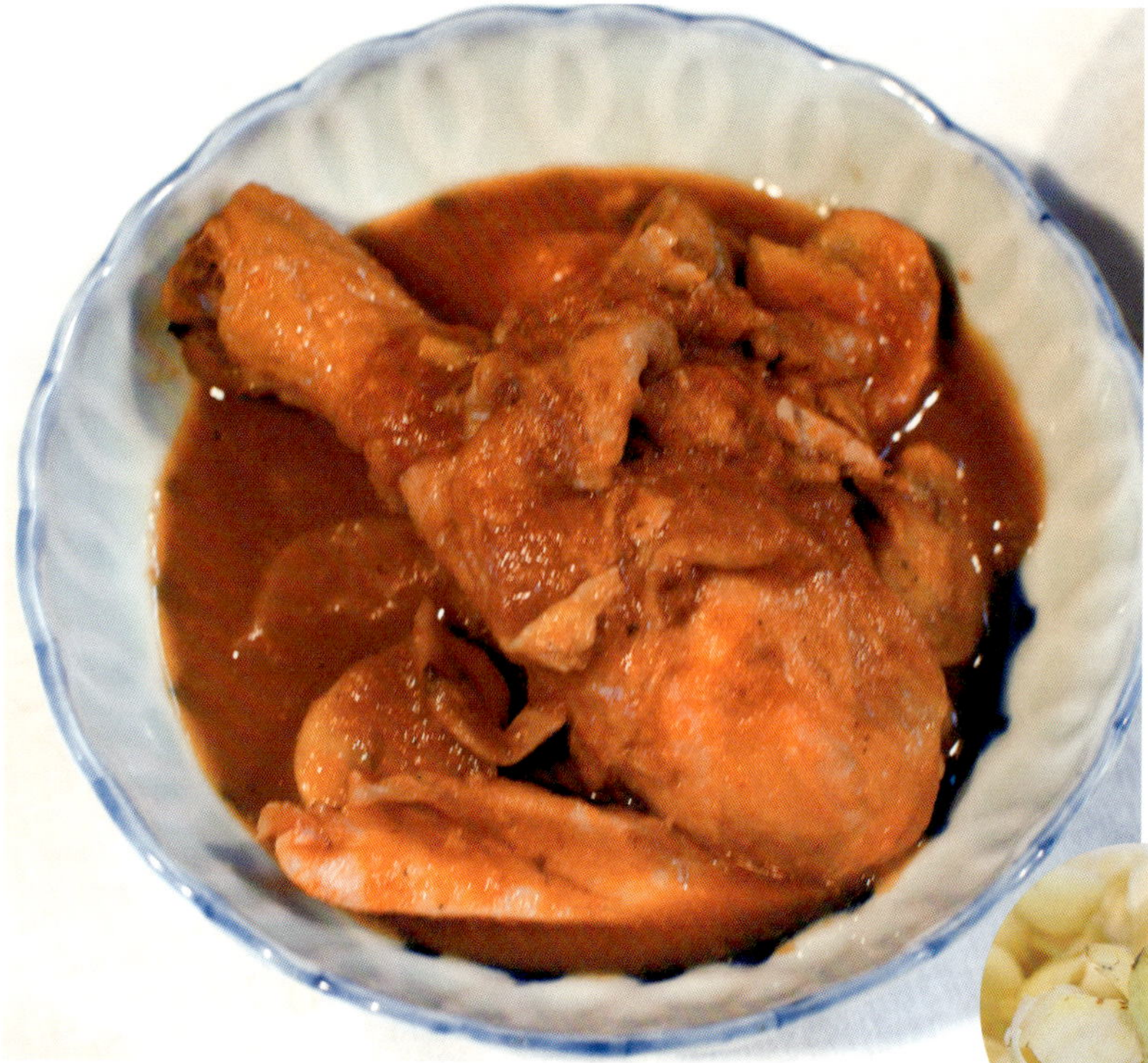

鶏肉のトマト煮込み

「ゆり根はうちで採れたもので、スープや煮物のとろみづけ用に重宝するの。粉類を使わなくてもいいでしょ。煮込んで形はなくなってしまうけれど、汁に全部溶けているから、知らないうちに野菜も食べているっていう算段よ（笑）」

＊鶏（骨つきを6～7本）をオーブンに入れ、両面に焼き色をつけてから土鍋に移し、半分に切ったマッシュルーム、ゆり根、赤ワイン400cc程度、赤ワインと同量程度の自家製トマトピューレ、酒、みりんを各大さじ1程度加えて煮込む。鶏がやわらかくなったら、塩とこしょうで味を調える。

朝食の野菜スープ

カリフラワー、ブロッコリー、ねぎ、パプリカ、ズッキーニ、グリーンピース…。さっと湯引きして冷凍しておいた野菜類を、そのまま鍋に入れてバターで炒め、かつおだし、自家製のトマトピューレを加えて中火で煮る。最後に塩を少し加えて味を調えれば、野菜たっぷりのスープのできあがり。

「朝食のパンに合うのよ。栄養バランスもいいし、おいしいの。入れる野菜は、とうもろこし、にんじん、玉ねぎ、じゃがいもなど季節によっていろいろ。全部冷凍庫にあるものだからね。思い立ったらすぐ作れるのがいいでしょ」

あじフライ

「お父さんはあまり魚が好きじゃなかったけれど、あじフライ、かきフライは好きだったから、よく作ったわね。骨がないようにていねいに三枚におろして揚げるのが、うち流かしら。細かめのパン粉をつけてカラッと揚げるとおいしいの」

揚げ物の鍋は、使い込んだ鉄鍋。「昔から使っているものよ」。油は決まって菜種油で、1～2回使った油を3分の1、新しいものを3分の2くらいの割合で混ぜて、循環させて使っています。使い終わったらこして瓶に移し、次の揚げ物のときまでスタンバイ。無駄なく使って、おいしくいただきます。

3	2	1
	5	4

1あじを三枚におろして塩をふる。2.3両面に強力粉をはたき、溶き卵にくぐらせてパン粉をつける。4 3～4枚ずつ菜種油で、きつね色になるまで揚げる。5油を切るときの敷物は、障子紙の余りを利用。

きのうからあしたへ

お正月の餅花飾り。「今年は娘がお正月用にお餅をついてくれたので、お飾りも作れてよかったわ」

「特別なことは何もしてこなかったわよ」と言うけれど、英子さんのおしゃべりの中には、滋味深い言葉がたくさん。時をためるということ、家族のこと、食事のこと。積み重ねた「きのう、きょう」を、そしてこれからくる「あした」を、支える言葉の数々をお届けします。

時をためるということ

「どんどん壊すばかりじゃなく
自然とともに生きればいいのにね」

最近、ここに来た当時の風景を思い出すとね、その町その町のいいところがあるのに、どうしてそれを生かさないのかと思うわね。壊すばかりじゃなく自然とともに生きればいいのに。その土地が自分のふるさとになるという感覚が薄いのね。

「やっぱり私は、誰かのために
何かをやっていないと
ダメなのよ。
半端な人生ですよ。
世の中のこと
何もやってこなかったし、
ふたりで一人前よって
思いながら
やってきましたね」

「手間ひま惜しんだら、もう寝たきりよ」

私が元気でいられるのは、畑でも家事でも何でも自分でやっているから。手足を動かしているからだと思うの。

今の便利すぎる暮らしが、なんだかおかしい気がするのよね。いちばん大事なことはいつの時代もかわらないと思うけれど。毎日のことは、こつこつとていねいに細かく積み重ねたいわね。

「今が老後なんて思ってないのよ」

老後っていつ？　私が80歳の時に畑に柿の苗木を何本か植えたの。88歳で食べるのよって言ったら、お父さんに「英子さんは図々しいねえ、それまで生きているっていうんだからねえ」と笑われて。一昨年くらいから採れるようになってきたの。老後だから始めるのが遅すぎるってことはなかったわね。その柿は、最初の年に干し柿にしてみたけれど失敗。干しすぎてカチカチになっちゃった（笑）。次の年はうまく干せたと思うんだけれど、今年はどうかしらね。毎年少しずつ上手になるといいわね。

「ひとりはダメね。
少しずつ慣れてくると思うけれど
私は人といると「従」になれるの。
「主」じゃなくて
「主」になりたいとも思わない。
「従」が昔から心地いい」

「15kgはもう無理だねぇ」

最近は多少年をとったなと感じることもありますよ。重いものを持ち上げられなくなったもの。以前は15kgを持ち上げられたけれど、今は引きずっちゃうから。10kgならまだなんとかいけますけれど（笑）。

「何でも便利にしすぎるとダメなのよ」

年寄りは面倒を見てもらうのではなくて、忙しい若い人たちの面倒を見るほうに回らないと。だから日頃から、杖や手すりとか便利なものに頼りすぎてはダメ。

うちも階段を壊してスロープにするという話もあったのだけれど、そうやって何でも便利にしちゃうと、それまでできていたことがどんどんできなくなっちゃうでしょ。しゅういちさんが、自然を生かさなきゃダメだって言っていたから、うちは危ないところがいっぱい（笑）。

階段も畑も注意しながらしっかり歩いていますよ。だからこそ、今でも元気に畑仕事ができているのかもしれませんね。

「いつでも起きられて、いつでも眠れる。
悩みごとなんてないもの。
ストレスってみんな言うけれど
ストレスって何だろう。見えるの？」

ストレスってどうなるとたまるの？　わかるの？　自分でストレスがたまっているなって。

私は自分の好きなものを使って、家の中のことを自由にやっているから、嫌なことなんてないのよ。マイペースだし、もともとあまり人の言うことを聞かないし（笑）。

あとは外に出ないから無駄に人と顔を合わせたり、しゃべったりもしない。だからストレスもたまらないのかしら。

「大変なことなんて
私の人生にはなかった」

あんまり悲観しないし、落ち込むことはないんですよ。だって何かある？　たいていのことはどうにかなっちゃうものなのよ。私はのんきなのかしら。

何かあって、一晩はちょっとは悩んだりもするけれど、まあ、畑さえあればなんとか食べていけるって思えるの。

夫婦のこと、家族のこと

「ほんとうに
何もできなかったからね、私。
結婚したころは食事も
おいしくなかったと思うの。
お父さんはな〜んにも言わないで
食べてくれていたけど、
まずかったと思うのよ」

結婚するまでは何にも作れなかったわねぇ。それまでは母に、父に、ねえやに何でもやってもらっていたから。何を作っていたかしらねぇ。今みたいにこまごまとたくさんの種類は作っていなくて、毎食一品一品だった気がするわね。「食べさせてもらっているのだから、家のことはきちんとやらないと」って気持ちが働いたんでしょうね。
それから60年、今では何でも作れるようになりましたけどね。

「いいものを身につけると
人柄もしっかり見えてくる」

しゅういちさんには、きちんとしたものを選んで着させていましたね。でもしゅういちさんは、値段を知らないから
「みんなが〝つばたくん、いつもいいもの着てるね〟って言うんだよ」
って、よく言ってましたね（笑）。
いいものを身につけると、不思議と人柄もしっかり見えてくるから、手抜きは禁物。上質なものだから、最後はお下がりで私が着たりしていましたね。

「自分のことより、人のこと。
結婚するまでお金なんか
ほとんど見たこともなかった。
お金は主人が稼いでくるもので
自分のものじゃない。
いつも預かりものだと思って
大事にしました」

「人はそれぞれ
いいところと悪いところを持っている。
悪いところをつつくばかりじゃなくて
いいところを見ないとね」

「だんなさんを第一に考えるなんて、最近ではあまりないですよ」って聞くんですよ。でも私は、男の人の言うことは聞くものだって、育てられてきましたからねぇ。

人はそれぞれ、いいところと悪いところを持っていますから、悪いところをつつくばかりじゃ、楽しくないでしょ。信頼して肩をぽんと押してやれば、男の人も自信を持って働いてくると思うんだけど。

「しゅういちさんと喧嘩したことはないんですか」って聞かれることもありますよ。喧嘩する材料がないのよ。注意されても、ああそうかって私が納得しちゃう。人のことを悪く言わない人だったから、素直に聞けたのかもしれませんね。畑の黄色い道具も、置きっぱなしをやめなさいって言うのではなく、置きっぱなしにしてもわかるように色を塗って気づかせてくれるのが、しゅういちさんなりのやり方でしたから。

「三度三度きちんと食べていれば
病気になんてならない。
家族を病気にしたら
自分の責任だって思って
やってきましたね」

食を預かっている者として、家族の健康は自分の責任だと思っていました。しゅういちさんは外のものを食べず、朝食、お弁当、夕食と三食、私の作ったものを食べていましたから、ちゃんと食べさせないといけないって。魚が好きじゃないから、すり身にしたり、小魚を用意したり。いろいろ工夫して、気づかずに食べさせていましたよ。
　おかげで病気なんて、ほとんどしませんでしたね。

「結婚してしばらくして
「あ、なじんできたな」って思ったの。
そうしたらお父さんも「そうだね」って
」

私としゅういちさんはお見合い結婚で、お互いのことをよく知らないまま結婚したでしょ。だから「愛している」って感覚はなかったわね。
　でも、毎日の食事を作って、家の中のことを一生懸命やりながら、いっしょに過ごしているうちに、しゅういちさんのこともわかってきて、だんだん仲がいい感じになってきたわね。夫婦って暮らしていくと、ちょっと仲よくなったなって感じになってくるのと思うよ。

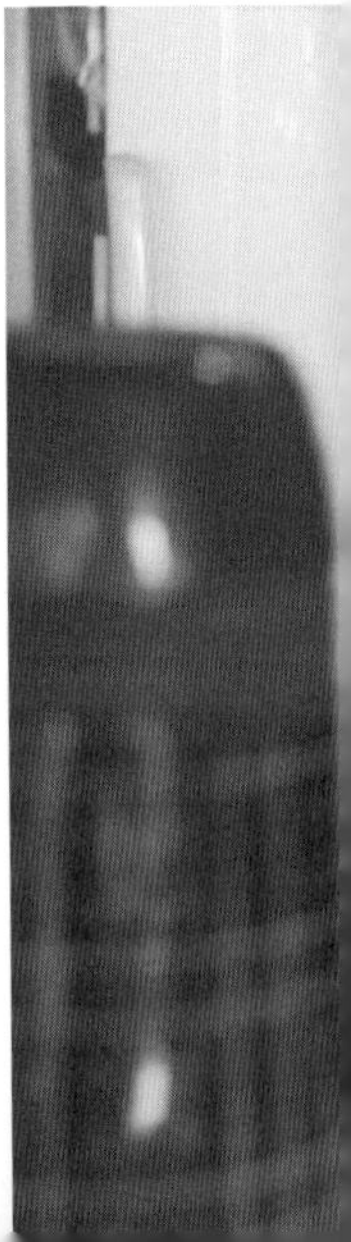

食べること、暮らしのこと

「ものはいらない」

しゅういちさんが亡くなってから娘たちが頻繁にうちに来るようになりました。今の人だからしかたないのでしょうけど、お風呂や洗面所にずらっとシャンプーやら化粧品やらが並ぶようになって。私は石けんひとつですべてをすませちゃうでしょ、だからなんであんなに必要なのかな、って思うわね。

洋服もしゅういちさんのお下がりや娘のお古で十分。欲しいものも特にはないわね。お金はないけれど、畑と雑木林さえ娘と孫たちに残せれば大丈夫だと思ってます。

「どんどん忘れますねぇ
だから、よほど段取りを考えないと」

「ものなんかなくても生きていられる。
だけど食べ物だけは絶対大事」

「焦るのは焦るけど
やれることしかやれないしね」

収穫の時期が重なると、あれもこれも今やらなきゃということが出てきて焦るけれど、まあ、やれることしかやれないしね。あわてでもしかたない。そう思うようにしているの。

「作って片づけて
作って片づけての連続。
60年やってきたから
これだけできるのよ」

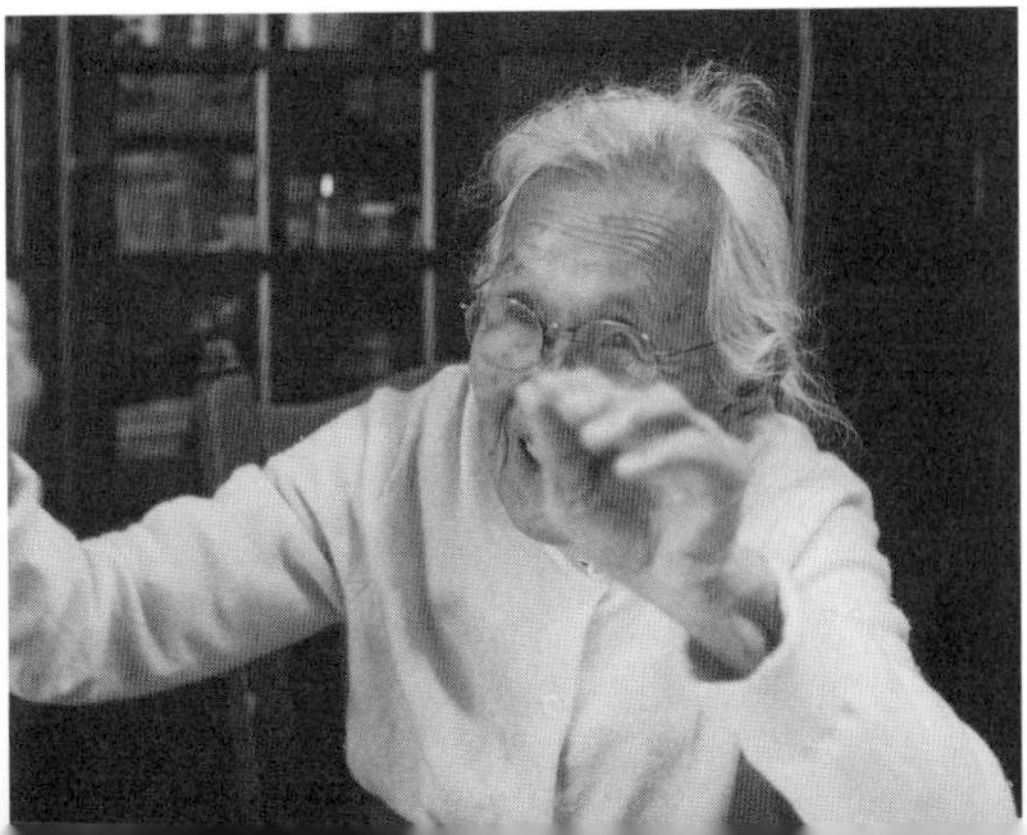

「食べることって手間のかかることばかり」

料理は手間をかけることが大事。特別なことをしなくても、時間がおいしくしてくれるの。お昆布は1週間くらいかけて煮たりしますよ。

「もうね、最近はひとつずつ手抜き」

この年になると、いろいろダメねえ。動いては寝て、動いては寝て。いろいろなことが少しずつ大変になってきているわね。

でもね、やらないと老いが追いかけてくるから、休みながらでも動いていないとね。料理は好きだから全然苦にならないの。片づけもゆっくり。2〜3時間はかかるわね、今は。それでも嫌だとは思わないね。手先を動かすのも自分のため。

「食べてくれればこっちの勝ち」

しゅういちさんは魚が嫌いだったでしょう。形がだめ、皮がだめ、骨もだめ。でも体にいいものを食べさせたくて、いろいろ工夫しましたよ。卵の黄身とねぎを混ぜたいわし団子をよく作って。気づかなくても食べてくれれば、こちらの勝ち（笑）。私もじゃがいもがあまり好きではなかったけれど、お父さんがコロッケを好きだったので、よく作って食べましたね。

そうやって、ひとりでは食べないものを、相手があることできちんと食べられるのはいいことですね。

「食は命」

小さいころ、体が弱く、母の作ったものしか食べなかったこともあり、誰に聞かずとも、食を大切にすることが体を健康にするのだということはわかっていました。自分で台所を守るようになってからも、食の重要性についてはいつも考えていたと思います。家族の健康は私の腕にかかっていると。

ちょうど名古屋に住むようになったころ、食の安全について考える人たちがうちに集まったりしていたので、私もさらに意識が高まりました。そこからですね。野菜くらいは自分で作らないと、と思い始めたのは。買い物をする場合も、ここなら、と信用したお店を決めて、そこだけで買うようにしてきました。

食品は、作っている人、売っている人次第だから、人を見て買います。売り場の人、オーナーの人…。しゅういちさんも、家族でやっている店がいい、と言っていたので、そこも意識して。食べることで一生、右往左往です。

「間引き菜は小さくても栄養はあると思うの。すぐしなしなになるから早く食べないと」

土鍋は英子さんの料理に欠かせない道具。時間をあけて何度も火を入れ、深い味が生まれる。

「同じことを繰り返し
ずっとやっていれば
だいたい何でも
できるようになるのよ。
昨日より今日。今日より明日
よくなるからね」

結婚した最初のころは、料理の本をいろいろ見たりもしましたよ。でもね。そのうち自分でどんどんアレンジして、自分の味つけの塩梅がわかってきてからは本も見なくなって。
私は幼いころから、母の作ったものしか食べてきませんでしたからね。自分なりにおいしいと思う味があったんでしょう。それに自然と近づいていったんです。だから適当なのよ。本当に。それでも毎日続けていれば、だいたいこんなものかなっていうのがわかってくるものなのね。みんなも繰り返しやっていけば、できるようになるわよ。

「全部ひとりで食べられる
わけじゃないから
食べてもらうほうがいいのよ」

おかしなもので、自分で作っているものは、たくさんありすぎるとそれほど食べたいものでも何でもないの。だから、人がいらしたときにみんなで食べるのがいいわね。そうすればいっしょに自分もおいしくいただけるから。

「今日中にやらなきゃって
そういうのはないの。
そういうペースにしたから」

はるなつ

だんだん暑くなってくるから、デザートは水ものがいい。目にも涼しく、のどごしツルンとした寒天は夏の定番。寒天を水につけて戻し、鍋に水と戻した寒天を入れて火にかける。寒天が溶けたらはちみつを加え混ぜ、容器に入れて冷やし固めて四角くカット。砂糖を水に溶かした自家製シロップをかけて、いただきます。

水温む春。キッチンガーデンの野菜を、一年でいちばんたっぷりといただけるいい季節。日差しが強くなる夏。昨秋にまいた麦の収穫です。汗をかきかき、夏じゅう楽しむ麦茶作りにとりかかります。

色鮮やかなピンクの花が美しい花桃。今年もたくさんの果実がなりますように。

春のキッチンガーデン

春、この時期に収穫できるのは、秋冬の間に種をまいて育てた白菜、ねぎ、カリフラワーなど。秋に種をまいた豆や麦の芽が苗ほどに育ち、初夏に果実を実らせる花々も順に咲き始めます。春のキッチンガーデンは、植物の伸びゆく力強さが感じられる季節の始まり。

「昨年は忙しくて畑もサボりがちだったけれど、やっぱり自分の作ったものじゃなきゃダメ。今年はまた一生懸命に土からスタートね」

英子さんにも始まりの春がやってきました。

豆の花

白菜は冬越しする場合、寒さや霜で中の葉が傷まないよう、上部をひもで縛っておく。「自分たちの食事用だから、一度にたくさんは食べられないでしょ。だから工夫して長く持たせるの」。カリフラワーはほどよい大きさになったら収穫し、湯引きして冷凍。野菜の少ない時期にも困らないように。

さくらんぼの花

麦

3月。種をまく

作業着に着替えて

正月菜、ターツァイ、小かぶ、ほうれん草、レタス、小松菜。軒下の苗床を枝で6つに区分けして、パラパラッと種まき。「芽が出たらどんどん間引いて食べちゃうから、きれいにまかなくても大丈夫。ざっとでいいのよ」。その上に、土のかわりの堆肥をかぶせ、さらにもみ殻をのせて。「このあたりはまだ寒いからね。防寒用と土押さえに」

堆肥をかぶせ

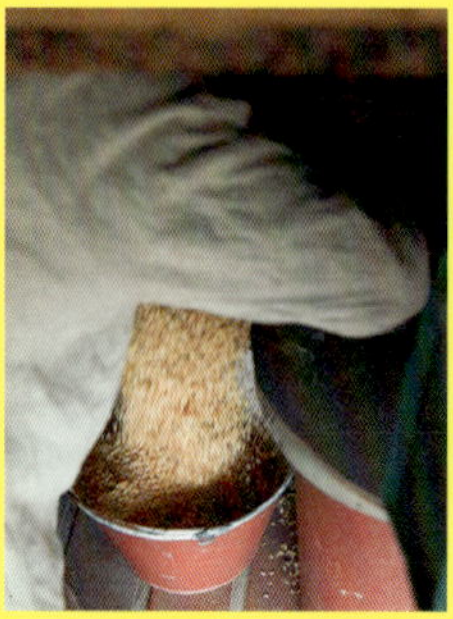

もみ殻をのせる

種をまく

水をたっぷりと

おしまい

ジャムは出番が来るまで専用の冷凍庫で保存。りんごのゼリーは娘さんへの特別デザート。「紅玉20個からゼリーが瓶に５個しかとれないの。贅沢品ね」

さくらんぼは収穫したら種をとり、そのつど冷凍。たくさんたまったら、鍋に実とグラニュー糖と水、レモンのかわりの赤ワインビネガーを少し入れて強火でさっと煮る。「種とりは、毎年お父さんと一緒にやってた仕事ねぇ」

のどごしのいいゼリーは夏のおやつにぴったり。「暑い時期はお菓子を焼くより、こういうのがいいのよ」。写真上から、今年はたくさん採れたというびわのゼリー、季節はずれで手に入った貴重なりんごのゼリー、コーヒーゼリーは寒天を使って。

ジャムとゼリー

「初夏に向かって、フルーツが次々に収穫時期を迎えるから忙しいのよ」と英子さん。さくらんぼ、びわ、甘夏などを熟した順に収穫し、たくさんのジャムやゼリーに仕上げていきます。特にジャムは、朝食用、おもてなし用、贈答用にと大活躍。この時期のがんばりは英子さんにとってもしゅういちさんにとっても季節の恒例行事でした。

「ジャム瓶は、おじいちゃんがいつもまとめて同じものを買いにいってくれていたのよね。作るたびに思い出すわ」

＼麦収穫しました／

もうすぐ麦茶

初夏のキッチンガーデン

この時期の畑は、麦や葉もの、果実の成長が早く、気が抜けません。麦があっという間に穂をつけ、さくらんぼやびわも日ごとに色づいて。梅仕事はお天気次第。ジャムを煮て、梅を干し、らっきょうを漬けて、麦茶用の麦を収穫して…。一年でいちばん忙しい収穫の時期です。

「小松菜は間引いてもあっという間に育つから、どんどん食べないと。レタスは真ん中のやわらかい葉をジュース用に。虫に先に食べられないように毎日チェックよ」

＼びわ／

＼梅／

＼さくらんぼ／

＼葉ものも育って／

／豆も大きく＼

「ちょっと大きくなりすぎちゃったのよ。うちだけでは食べきれないから、少し持って帰らない？」。時には来客にこんな新鮮採れたてのお土産も。太くてみずみずしい大根は、つばた家の豊かな土からの恵み。

7月。ハブ草の植え替え

「ハブ草は前の年の種が飛んで、畑のあちこちに芽が出てくるの。だから毎年それを3区画分くらいに集めて植え替えるのよ。もううちではずっとハブ茶用のハブ草は、種なんかまいていないわね。土ごと移植して最初の3日ほど水をたっぷりやれば、あとはほったらかしで大丈夫」

これからの時期は暑いので、畑に出るのは夕方6時頃から1時間ほど。できるだけ手のかからない作物を増やして、秋の収穫に備えます。

2 腐葉土を入れ

3 根を傷つけないよう掘り起こす

4 スコップで運び

5 2に植える

6 水やり

ヘレンドの小さな器。しゅういちさんにお花を供えるとき用にと、毎月ひとつずつ買いためたもの。

大好きなヘレンドのカップ＆ソーサー。いつか孫のはなこさんに残せたら。

英子さんの器

「器は大好きで、見ると買いたくなっちゃうのよね。選んで使ってきたつもりだけれど、いつの間にか雑な食器も増えてしまって。もうこの年だから、いいものだけを残して処分してもいいかなって。自分たちが食べるだけだから、何でもいいってわけでなく、ちゃんとしたものを使いたいものね」

そう語る英子さんのこの時期の恒例行事は、衣替えならぬ、器替え。陶磁器中心だった食器棚の手前にはガラスの器が並び、食卓にも夏の訪れを感じさせます。

上の器はしゅういちさんが大事にしていた薩摩切子。タヒチ訪問の際にも持っていき、現地ではこれでビールを飲んでいたそう。透明なガラスだけでなく、色ガラスの器類も季節感あふれるテーブルを彩る。

しゅういちさんが好きだったあじフライ。ゆでたブロッコリーとカリフラワーを添えて。大小の藍の器が料理を引き立てる。

「今日はテーブルでゆっくり焼きながらおしゃべりしましょ」といいながら、焼きの手を止めない英子さん(笑)。

酢と甜菜糖をひと煮立ちさせてから冷まし、新しょうがのスライスを漬け込んだもの。刻んで薬味などに。

春夏のおもてなし

料理もデザートも器も、季節感を大切にするのが英子さん流。節句行事もそのひとつです。

「3月はおひなさまでしょ。だから5月は男の子のお節句を。その時期は、お父さんが好きだったかつおのたたきを毎年いただくの。おもてなしにもこれが恒例ね」

お気に入りのお店から取り寄せたかつおのたたきには、ねぎ、みょうがが、しょうがの甘酢漬、山椒など薬味をたっぷりとのせて。風味豊かな英子さんらしい一皿ができあがります。

「みなさんといっしょにいただくのがいいのよ。私はそのお相伴にあずかるの」

毎年取り寄せる山政のかつおのたたきと、冷凍庫の野菜と鶏を合わせた贅沢煮がメインの5月のテーブル。

ちいさなノルマを毎日

畑は毎日1時間だけ、手足を動かす、人には頼らない、などなど。英子さんが自分に課したちいさなノルマは多岐にわたる。

発想はいいんだけど
やることがだめなのよ～

サフラン？　収穫したよ。黄色いほうを残して、
赤いのは捨てちゃった。逆なんだってね～

お布団の中であしたを考える

畑の草を刈って、土を耕して肥料を入れて、種をまいて。食事の支度をして、台所を片づける。夜は、翌日にやることの段取りを考えながら布団に入って…英子さんの習慣です。「朝はごはんをしっかり食べて、昼は軽めにうどんがいいかなとか、栗が落ち始めたから拾っておかないといけないわとか、同じような毎日でも、仕事はいろいろあるんですよね」

夜のうちに、ぼんやりとでも考えておくと、翌日段取りよく小さなノルマをすませることができて、なんとなくすっきりするのだそう。

「やることがどんどん遅くなってきたし、どんどん忘れますからね。特にお客さまを迎えるときは、よほど段取りを考えないと間に合わないんですよ（笑）」

手すりは使わない

「うちは危ないところがいっぱいなのよ（笑）」と言いながら、階段をゆっくり、でもしっかりした足取りで下りる英子さん。「どんどん老いが追いかけてきますからね」

暮らしはちいさく積み重ねる

「ひとつのことを集中してやり続けると、肩が凝ったり疲れたりするでしょう。そういうのが嫌だから、細かく少しずつやるのがいいの。畑も1時間、機織りも1時間。作業の途中でもそれ以上やらない」

英子さんはそう言います。

「何でもため込んではダメ。小さな積み重ねを繰り返していくことが大切ね。こまめに家事をすると頭も使うし、手足の運動になるから体にもいいみたいよ」

家の中のこと、畑のこと、手紙の返事を書いたり、時には買い物に行ったり。毎日仕事はあります。だから1日で終わらせようとしないで、小さなノルマを決め、それを毎日続けていけばいい。英子さんの暮らしは、潔く、そしてシンプルです。

右／岩手・龍泉洞の水。月に一度、６本入りが10箱届く。左／ペットボトルの汲み置き水。ただの非常用ではなく、毎日使って、毎日新しいものを足す、日々の備え。

水は毎朝、汲み置く

飲み水や料理用には、岩手・龍泉洞の水を取り寄せていますが、鍋や食器、野菜を洗ったり、ゆたんぽに使うお湯などは、水道水をペットボトルに汲み置いて使っています。２ℓのペットボトルにいつも12本分。１日に使うのは３本分くらいです。古い順に使い、空いたボトルに翌朝新しい水を入れて…と循環させています。いざというときに水が古かった！などということがなく、安心です。

「いつだったか、冬に水道管が凍って１日水が出なかったことがあったのよ。そのときは汲み置きがあって、とても助かりましたね。大きな入れ物だと運ぶのが大変なので、２ℓのペットボトルくらいがちょうどいいんです」

「ブロッコリー、カリフラワー、ねぎにグリーンピース。なーんでも冷凍のまま出汁で煮ればおいしくなるのよ」。味つけはチキンコンソメ、トマトピューレなどその日の気分で。

食卓を守る冷凍

買い物は年金が出るときに行くだけなので、頼りになるのは冷凍です。買ってくるのは魚や、畑ではまかないきれない野菜類。

「白菜やもやしはさっとゆでて小分けにして冷凍。きのこ類はそのままで大丈夫。食べるときは昆布のおだしの中に、冷凍のまま入れて味つけすれば、おいしくいただけますよ。魚は三枚におろしておけば、そのまま焼いたり揚げたりするだけでいいわね」

買い物の翌日は下ごしらえで大忙しですが、日々の食事づくりはこれで安心。冷凍は多種類を少しずつ使えて、栄養バランスがとりやすいのも利点。

「おやつ用に焼いたタルト台や、あんこを冷凍しておけば、急な来客にもあわてなくてすみますよ」

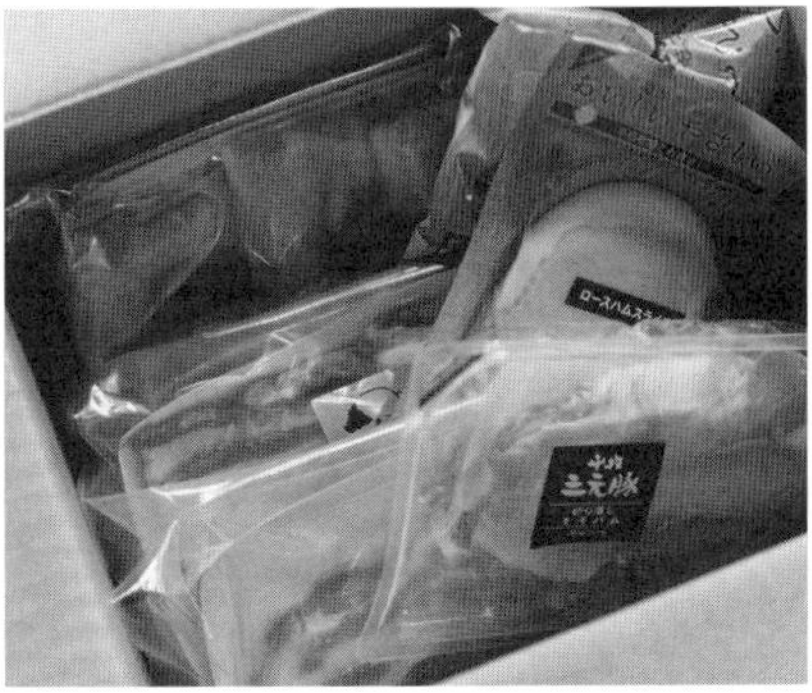

豚肉とハムが届きました

最近のお気に入りは平田牧場からのお取り寄せ。「お米を食べて育った豚肉なんですって。食べてみたらさっぱりしていて、水炊きなんかにしてもおいしかったの」。いいなと思ったら、まず試してみる。ずっと変わらない英子さんの食への姿勢。

肉類はすぐに小分け冷凍

「ハムや肉類は紀ノ国屋さんと平田牧場から。最近は名古屋に買い物に行かず、もっぱら取り寄せね」

注文したものが届いたら、すぐに小分けにして冷凍。薄切り肉ならだいたい2～3枚、ハムもパックを開けて1枚ずつラップに包みます。

「めんどくさそうに見えるでしょ。でもハムなんて朝食にせいぜい1枚で十分なのよ。サラダにちょこっと入れるにも1枚で足りるし。手間でも1枚ずつ包んでおくとあとあと便利なの」

1回に使う量を見越し、バラで使えるように包む。これが無駄なく使い切る、英子流の冷凍小分け方法。

「これで1か月楽に過ごせる、当分どこにも行かないですむと思うと、すごく安心なんですよ」

ごはんが炊けたら、中に昆布を入れて、手塩で結んで。しゅういちさんも大好きだった幡豆（はず）の海苔をあぶり、おにぎりに巻きながらいただく、シンプルなごちそう。

野菜がないときは海苔で代用

しょっちゅう買い物に行けるわけでもないし、季節によっては畑の野菜が間に合わないことも。そういうときは、常備してある海苔の出番です。

「海藻は海の野菜でしょ。栄養もあるし、手軽に食べられるから、とても便利ですよ。おにぎりに巻くのはもちろんだけれど、あぶってパリッとさせたら、手でちぎって瓶に入れて食卓に出しておくの。しゅういちさんもごはんにかけてよく食べていたわねぇ」

聞くと、野菜不足のときだけでなく、日頃から海苔はたっぷりと食べているのだそう。

「一度に10帖《じょう》注文して、娘にも送るのよ。結局野菜がないときに限らず、毎日のように食べているわね。瓶に入れておけば湿気る前になくなるわ（笑）」

「しゅういちさんがいたころは、いつもきれいに干してくれていたわねぇ。私はいつも適当なのよ（笑）」

まいにち洗濯、まいにちアイロン

来客があってもなくても、つばた家のテーブルにはいつもピシッとシワのないテーブルクロスがかけられています。普段は、その上にランチョンマットを敷き、食事をしているのだそうで、さぞかし洗濯が大変かと思いきや、

「毎日習慣のように洗ってますからね。そんなに大変なことじゃないのよ。畑と同じ。洗濯もアイロンがけも毎日ちょっとずつ。ためたらダメなのよ。少しならやった感じもしないし、疲れもたまらないでしょ」

来客のときは、1日にテーブルクロスを2～3枚取り替えることもあるそうですが、そんなときは「全部を一度に洗わない。少しずつ。これが肝心なの」。

/ お正月飾り \

お正月飾りは、娘さんの手作り。毎年しゅういちさんが担当していたお餅つきも娘さんが引き継いで。この形がつばた家のお餅。お雑煮やお汁粉で楽しむ。

お正月は家族の好物で

「おせち料理を作っても、しゅういちさんがあまり食べなかったから、お正月は家族それぞれが好きなものを作って準備しましたね。しゅういちさんはお餅が好きだったので、三が日はお雑煮。子どもたちはタンシチューや治部煮を食べたりして。ただ、おせちを作らないといっても、黒豆や田作りは年中作っていましたから、お正月も食べますね。特別におせち料理という意識はありませんでしたけれど」

昔は食べるものがなかったから、お正月はおせちがごちそうだったけれど、今は何でもあるからと英子さん。それでも、東京に離れて住む娘や孫たちが集まる、うれしくにぎやかなとき。つばた家流のお正月料理が食卓を飾ります。

\ 愛読書 /

食材を冷凍し始めたころのバイブル。「お母さん、こんな本があったよ」としゅういちさんが買ってくれた本。

カルシウムをとる工夫

食卓には、田作り、白魚など小魚を欠かさない。「しゅういちさんが魚を食べなかったから。こうしておけば大丈夫だったの」

そんな食卓に欠かせないものがもうひとつ。お正月に使うハレの器です。京都の骨董に九谷焼。華やかな色と模様が、英子さんのごちそうをいっそう引き立てます。お正月にお雑煮を入れる塗りのお椀は京都で購入。南禅寺近くのお店だったそうです。

「確かお父さんがヨットでいなかったときのことだと思うわ。たまたま娘とふたりで京都旅行に出かけて見つけたのね」

今年のお正月はにぎやかでみんなの食事に追われて忙しかったと英子さん。

「みんなが来ているとついおしゃべりしちゃって、寝るのが11時くらいになっちゃうでしょ。お昼寝も何日もしないし調子が狂うわね。でも、お餅つきもできたし、よかったわ」

「しゅうたん、ごはんですよ」。生前と同じように声をかけて、陰膳をお供えする。

しゅういちさんの陰膳　2

しゅういちさんが亡くなって1年半。最近の陰膳は朝出したり、昼出したり、時には夜のご飯のときも。「朝はパンだから、昼や夜ごはんを炊いたときに、夜のごちそうをお供えすることも。久しぶりにコロッケを作りましたよとか、かきフライの季節ですよとか話しかけながら。でもいろいろとやることが遅くなったわ。もたもた、もたもたしているのよ」

それでも写真に向かって声をかけながら。お供えをしていると、自分の気持ちが落ち着くといいます。「一生食べさせてもらって、今も何不自由なく遺族年金で食べさせてもらってる。本当にありがたいと思っています」

最近は夜のごちそうを
陰膳にして
出すことにしたの

お客さまがいらしたときはちょっとごちそう。器もお客さまと同じもので。

さくらんぼを
試食

「あんまり熟していないかと思ったけれど、けっこう甘いわね。今年はジャムとゼリーにしようかしら」

あしたにつなぐ

「娘が生まれたとき、将来結婚するときに鰹縞《かつおじま》の布団を持たせたいと思ってね、しゅういちさんに機織りを始めたいって相談したの。中の綿も、毎年畑で作ってこつこつとためて。娘2人に夏がけを贈れたときはうれしかったわね。お父さんといっしょに作り、少しずつ形にしていったこの家と畑もそう。娘へ、そして孫につないでいけたらと思いますね。次の世代がつなぎたい、守りたいと思う豊かなものを残したいなって。お金じゃなくて、時がつくり上げた、かけがえのない大切なものですから」

食器棚や中の食器も、もう自分のものではないと話す英子さん。

「娘や孫が使えるようにって、いいものをこつこつと

Before

After

入り口近くの竹塀は、娘婿と甥御さんが修繕。台風や雪の季節も、これで安心。

買いためたものですから、私のものじゃないの。預かっているだけ。うちの棚は真ん中だけよ。だから私、借り物で暮らしているようなものなのよ（笑）」

今は自分が使っているけれど、娘や孫たちがこちらに帰ってきたら、そのときは次の世代の番だから、と英子さんは言います。

「キッチンなんかも、そのときには新しくすることになるかと思いますね」

今年に入ってやっと少し目標ができてきました。

「最初からひとりならいいんだけれど、ずっとふたりでやってきたでしょ。家の中、どこを切り取っても主人の足跡が残っているんですよね。それを守ってやっていくよりしかたないかなって、最近ようやく思えるようになったの。時が過ぎるってそういうことなのかもしれないわね」

しゅういちさんとまちさな1

病気だけお手当して
今の社会へ帰すだけの病院。
それでいいのかな
と思っていました。
この病院は「まとも」ですね。
お手伝いしましょう

縁あって、佐賀・伊万里市に建設予定だった「まちさな」の設計に携わる。図面を少しずつ改良し、２〜３日おきのペースで伊万里へ送った。

あしたも、こはるびより。

番外編

まちさな

自然に囲まれ、自然な生き方・暮らし方をサポートする「まちさな」。つばた家の暮らし方との共通点がいろいろありました。

しゅういちさん最後の仕事

建築家アントニン・レーモンドの自邸を模した建物と菜園からなる「まちさな」は、精神科病院「山のサナーレ・クリニック」が運営する医療福祉の複合施設。病気がある人もない人も、自然とともに豊かに暮らせる場を提供する。主旨に共感したしゅういちさんは、施設の設計草案の協力を申し出ました。

英子さんからのプレゼント

竣工記念に、英子さんから苗木のプレゼント。ラズベリー、レモンなどが植えられた。

左／木のぬくもりに癒される、スタッフルーム。右／畑の作物の育ち具合を見る小山さん。

はじまりは一本の電話でした。

小山侑子さん●作業療法士

しゅういちさんと小山さんの出会いは、小山さんが『あしたも、こはるびより。』を読んだことから始まりました。

小山さんが本を手にとったのは、英子さんのキッチンガーデンに惹かれたため。畑にいること自体が癒しだという話、かわいい木札のこと、コンポストが生活に生かされていること。そんな暮らしが素敵だと思ったそうです。しかし読み進むに従い、自分が携わっている病院の新施設のイメージとリンクするものがあり、相談したいと思うようになりました。

編集部に電話をかけ、つばた家の見学を依頼。編集部から小山さんの主旨を聞いたしゅういちさんはこれを快諾。直接手紙のやりとりをし、小山さんと臨床心理士の木下さんが高蔵寺を訪れたのは2015年4月のことでした。

「キッチンガーデンとおふたりの暮らしぶりを見学するくら

それぞれが互いの持ち味を尊重しながら、自分らしく暮らしていけるコミュニティがある場所。

いのつもりだったんです。あと時間があれば、進んでいた設計計画のご意見をうかがえればと」

しかし、つばた家を訪れると、すでに伊万里の地図が用意されていました。「ここから風が流れてくるので、建物はこういうふうに建てるといいですね」と、当然のように、しゅういちさんは話を始めたといいます。

「施設の概要を質問しながらスケッチブックにすらすらとイメージを描き、ピリッとページをちぎってくださいました」

まちさなは精神障害者の就労支援のほか、こころの訪問看護、精神保健福祉相談やカウンセリングなどを行う施設。一人ひとりが〝その人らしい暮らし〟を実現できるようサポートする場です。伊万里に戻った小山さんにしゅういちさんからは「私も90歳。人生最後のよい仕事に巡り合いました。謝金、設計料などはご辞退いたします。安心して詳細をご相談ください。きっといいことがありますよ」とお返事が届きました。まちさなはそれまでの計画を白紙に戻し、しゅういちさんの提案計画に舵を切ることとなったのです。

「まっすぐ」がない空間づくり

入院生活で人工的な建物にこりごりしたしゅういちさんが考えたのは、少し曲がった通路で建物をつなぐことでした。多様性のある、自然な生き方や暮らし方をめざす施設であるなら、直線的でまっすぐな通路より、このほうがいい。自然と共存しながら生きることを提案し続けた、しゅういちさんらしいデザインです。

少しずつ手直しされ、2～3日おきに送られてきた設計素案。もちろん、手描き、そしてフリーハンドの絵で。

軒下が長いのも、レーモンド様式の特徴。軒先を支える柱がないので、カーブに沿った建物が奥まで見通せる。舗道もきっちりまっすぐでなく、フリーハンドの線のような曲線を描いて。

作業小屋

広々とした空間で手作りの作業ができる農作業用小屋。

風通しのいい工房は、一日中作業していてもストレスのたまらない開放感ある造り。使い勝手よく整理された働きやすい空間。

作業台も自分たちで

少しずつ少しずつこつこつと

4つの木造の建物は、スタッフルーム、カフェ、作業小屋、キッチンガーデンで構成されています。木造はきめ細かいメンテナンスが必要だけれど、便利すぎると気づけない大事なことを、そのつど教えてくれます。手入れをしなければ弱ってくるのは人間も同じ。それが生きている証拠なのだと。

いずれ売店も

大きな突き出し窓のある建物では将来的に、畑で収穫した野菜を販売する計画も。

柱のない長い軒先がこだわりと木下さん。手描きがかわいいスタッフルームの表札も木製。

多様性を認める場所でありたい

木下博正さん●臨床心理士

「もともとは2階建てでガルバリウムの設計だったんです。敷地内に畑をできるだけ広くとるために。それはそれで間違っているわけではなかったんですよね」と木下さんは、しゅういちさんと会う前の設計案について、そう語ります。

「ただ、つばたさんのように、風がどう入るか、そこで働く人にとって、その場所が心地よいものなのかという観点から考えた人はいなかった。しゅういちさんは、建物は人に影響を与えるし、大事なものですからとおっしゃっていましたね。しゅういちさんが高蔵寺で実現していることは、我々がやりたかったこととリンクする部分があります。建物が人に与える影響について考えたとき、何をどうしたらいいのか方法を知らなかったんです。だからこの出会いは大きかったですね」

今はとかく、費用や時間の効率化を考えがちですが、建物

植えたばかりの苗木はまだ人の背丈ほど。時をためてやがて雑木林となり、人々に豊かな実りを与えるようになる。

や食べ物は、早く均一にできればいいとかそういうことではないと木下さんは言います。

「人間も同じ。感じる時間も違うし、見えている色だって同じではない。均一化しようとすることに限界があるんです。今の世の中は全体的に均一化の波が来ていて、生きにくさを覚える人も増えているなと感じています」

人は多様性があったほうがいい。だからカフェも制服じゃなくていいという方針。畑も1種類を効率的につくるのではなく、多種類を少しずつ植える。人間は一人ひとり違うものだから、この施設も個々の特徴を認め合えるような場所でありたいというメッセージが込められているかのようです。

「ここにいると、雨が降らないかなぁって思うんですよ。普通は晴れがいいですよね。でも雨は畑を潤してくれるし、軒先から落ちる雨のしずくを見ているだけでも癒されるんです。ものの価値観って見る角度によって、本当に違うのだなと感じられる場所がつくれたと、完成した今、あらためて実感しています」

自然と共存するための工夫

「一日中働いても、ストレスはたまらないです」とスタッフが言う、庭を一望するカフェ。植えたばかりの雑木はまだ細く背も低いけれど、いずれ建物を超える高さにまで成長するはず。生ゴミを肥料にして畑の土に混ぜ、採れた作物をカフェで販売する。自然と共存する試みをいろいろ始めています。

\ 雨さえ楽しく /

雨の日に外を歩いても濡れない軒下の広さが気持ちいい。雨どいがなくても砂利が雨水を受け止める。

上右／雨水をためて畑の水まきに活用するタンク。上左／カフェで出た生ゴミを入れるコンポスト。できた肥料は畑の土に混ぜる。下／カフェの薪ストーブの薪はここにストック。

畑の札も、つばた家のキッチンガーデンを真似して黄色で統一。楽しげなイラスト入りなのもつばた家流を受け継いで。野菜だけでなく、ハーブや花、果実なども育てている。

英子さんスピリットも受け継いで

5月。初夏の畑は、植えた苗がぐんぐんと成長する季節。英子さんのキッチンガーデンのように、多種類を少しずつ育てるのが特徴です。土は、長崎・佐世保の無農薬栽培を研究する先生に教えを受け、もともとの土を生かしながらつくったもの。年間を通して70～80種類の野菜を育てる予定です。

安心安全の野菜たち

畑で採れたモロッコいんげんをカフェで販売。採れたて野菜のファンも多く、並べる先から品切れに。

支柱をトンネル型に仕立て、ゴーヤをはわせて。真夏には葉が生い茂った緑のトンネルができる予定。

菜園担当のスタッフが畑のまわりをメンテナンス。水やり、誘引、支柱や立て札作りと仕事はいろいろ。

併設のカフェで自由にくつろぐ

ホールド感が心地よく、いつまでも座っていたくなる、窓際の椅子。

大きな天窓から注ぐ日差しで照明がいらないくらい明るい店内。レーモンド事務所のイメージで、床はコンクリートに。家具は、移動がしやすいように軽く、抜け感が出るように足の細いものを選んで。家具を移動させてスペースを広くとり、コンサートやイベントをすることも考えられた場所です。

一番人気のロールケーキ。余分なものを加えず材料本来のよさを生かした一品。

つばた家と
同じ

高い位置に配した明かりとりの窓は、レーモンド自邸の特徴。天井が高く光を多く取り込んでくれる。

カフェ・クール・ド・ナチュール

佐賀県伊万里市
二里町八谷搦1179
営業時間　12:00〜16:00
(LO 15:30)
定休日　日・月・水曜、祝日
Tel　0955-25-9789

しゅういちさんとまちさな２

「病院のまっすぐな廊下が嫌なんです」。入院中、こう言い続けていたしゅういちさん。まちさなは全体を木造にし、廊下もカーブした温かみのあるデザインに。「無理をしないでゆっくりつくり続けましょう」と。

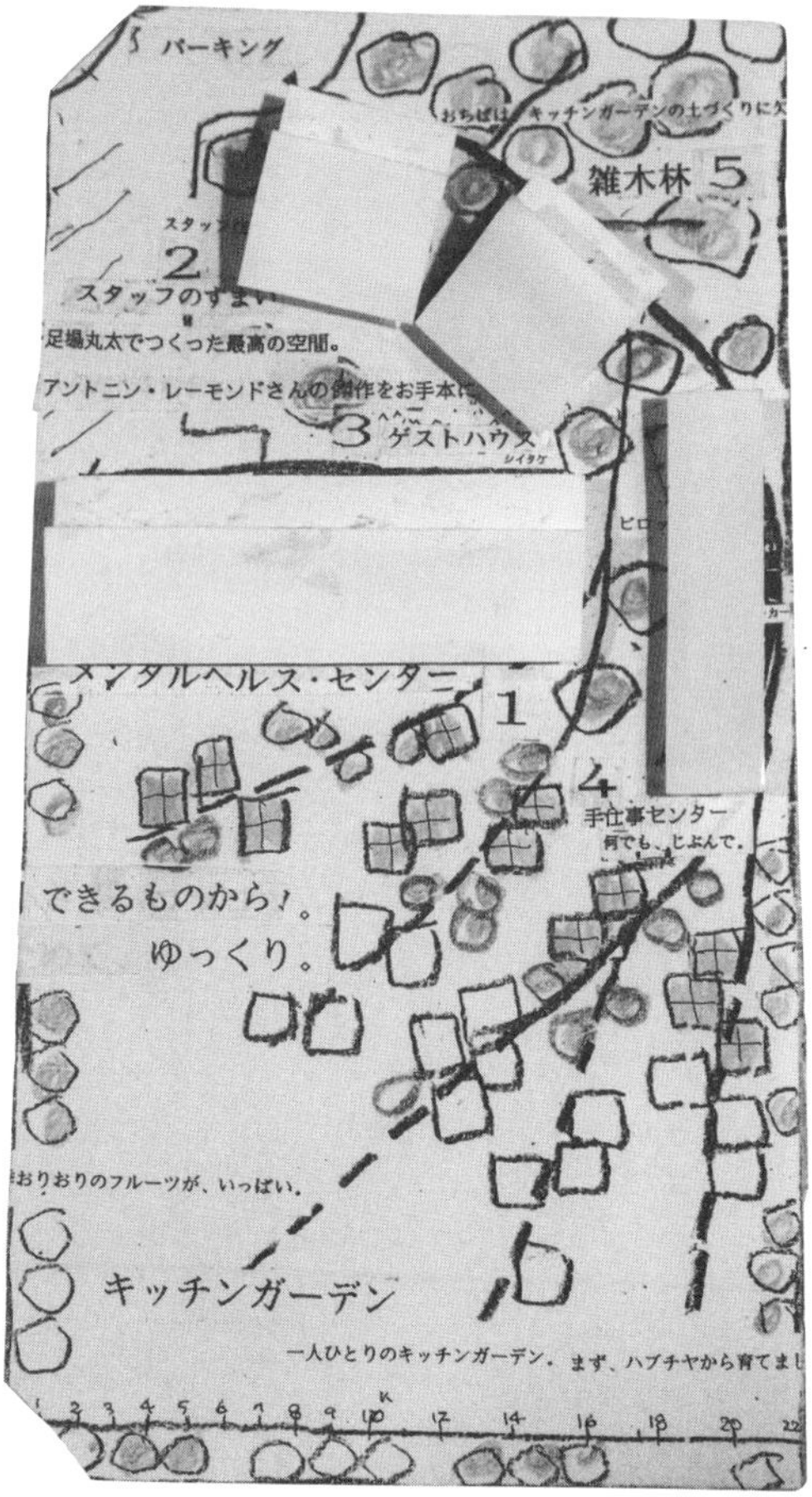

しゅういちさんの設計草案。実際に建設するときのことを考え、「木を愛する大工の棟梁を探すこと。お金よりも〝ひと〟が頼りです」との言葉を残した。

『あしたも、こはるびより。』のご縁ですばらしいプレゼントが！

九州伊万里からビッグニュース！私の提案したメンタルヘルスセンターがそのまま実現することに

「あとみよそわか」に生きてきた

大切な言葉を板にしたためて。自分に語りかけるようにしゅういちさんが刻んだ文字は、時を超えて、私たちに話しかけてくる。

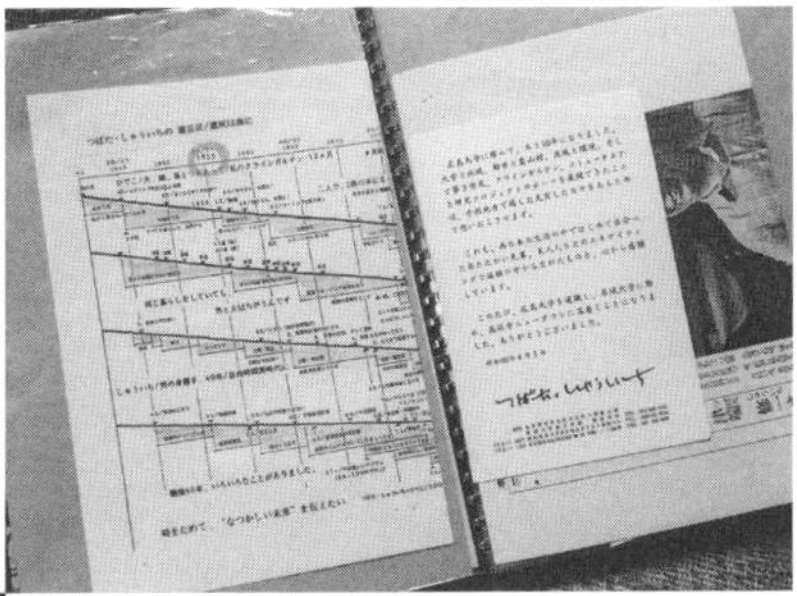

遺言

自分史ともいえる年表を作り、その上に「つばた・しゅういちの遺言状」と記した。

夏支度の途中で

6月上旬、障子をはずし、夏の簾戸にかえるのがつばた家恒例の季節行事。この作業をしたあとの突然の旅立ちだった。

しゅういちさんの遺言

訃報は突然でした。「お昼寝をしにいったきり、起きてこなかったの」と英子さんが語るほど、静かな最期を迎えたしゅういちさん。前日には障子をはずして簾戸《すど》にかえ、梅を収穫し、夏支度に余念がありませんでした。「だから、亡くなったあとも、しばらくはまだいるんじゃないかしらって思っていました。今でも、ああもう会えないんだなって思うこともありますね」

身の回りのことを何でも記録するのが習慣だったしゅういちさんは、元気だったころから遺言状として『遺灰は海へ』と自身で記していました。「英子さんのときに一緒に混ぜて海にまいてくれたらって、日頃から普通に話していましたから。私も、そういうのはちゃんと書いておいてねって言ってたんですよ」

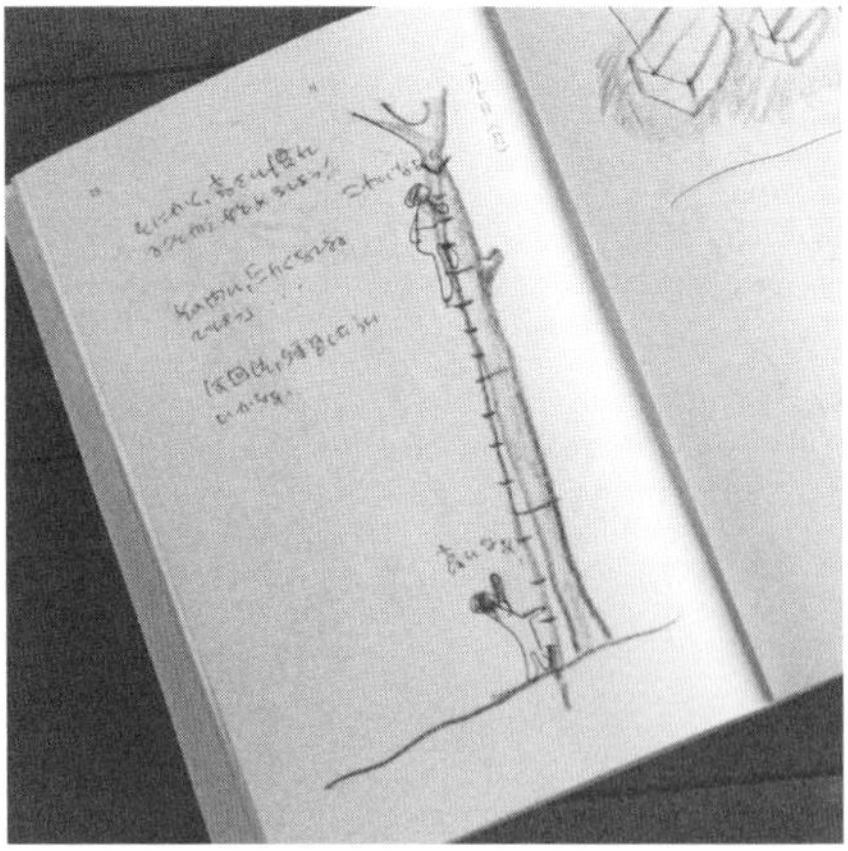

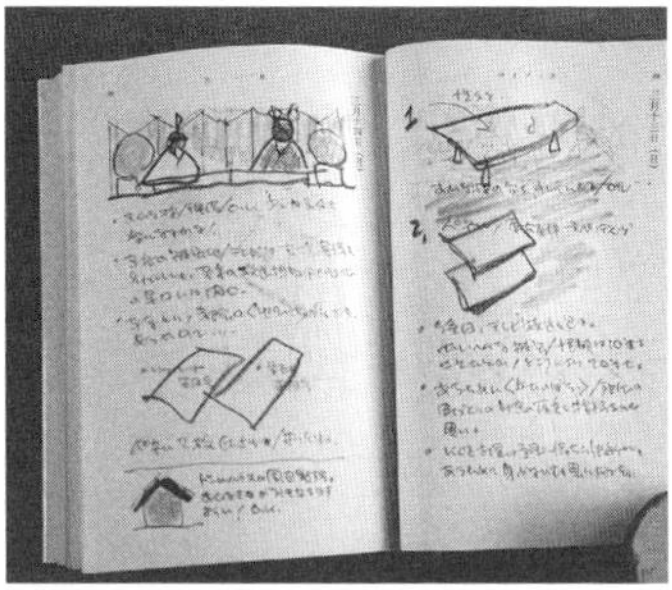

楽しいことしか書かない日記

文庫本サイズの真っ白な日記帳に、毎日のことを絵日記で記録していたしゅういちさん。「楽しいことしか書かないの。食べたもののこととか、作ったものとか、季節の行事のこととか。読み返しても楽しいように」

「あとみよそわか」

「楽しいことが大好きな人でしたね。仕事から帰ると、子どもたちに〝楽しいことあるよ〜〟って声をかけて、食後にいっしょに地形の模型を作ったり。孫のはなこには、6歳のお誕生日に合わせてドールハウスも作りましたね。設計図をきちんと描いた、木製の立派なもの。できあがったハウスにシーツをかけておいて、はなこさんの前でオープン！って、除幕式もやったんですよ（笑）」

大学を退任して、家にいるようになってからもしゅういちさんは、英子さんが畑をやりやすくなるように区画を工夫したり、道具に色を塗ったり、洗濯物干しを担当したり。

「楽しくやらないと。お父さんのモットーでしたね」

はなこさんのドールハウス

孫のはなこさんの要望を受けて、設計図から描いて作ったドールハウス。小さな家具やキッチンセットも木製の手作り。東急ハンズ大賞にも応募した。

「あとみよそわか」という言葉との出会いは、2004年の春、機会を得て愛知県・明治村を訪れたときのことでした。明治村は明治時代の代表的な建築物を移築して集めた野外博物館で、建築家だったしゅういちさんは飽きることなく、すべてを見てまわったのだそう。そこで幸田露伴宅の書院の文机の前に座ったとき「あとみよそわか」という言葉の意味にあらためて惹かれたと言います。

これは露伴が娘の文に、鍛錬と呼べるほどの厳しさで掃除を指導したときに、よく口にしていた言葉。「あとみよ」は『跡をみて、もう一度確認』、「そわか」は『成就』を意味する梵語とか。よくできたと思っても、そこでもう一度自分のした結果を確認することの大切さを表していると、しゅういちさん。「私たちの暮らしの呪文、つぶやいては楽しんでいますよ」

しゅういちさんのことば

しゅういちさんが、何気ない日常のなかで、英子さんに残した言葉があります。自身に言い聞かせる言葉、心に響いた言葉、英子さんへのアドバイスなど。今でも英子さんの心に残っているしゅういちさんの言葉を、語録にして、まとめました。

「つばたくん、一の矢がダメなら二の矢、二の矢がダメなら三の矢といつも次の手を考えておかないといけないよ」

しゅういちさんは、公団時代の上司に言われた言葉をとても大事にしていました。この言葉は仕事だけでなく、家のこと、人生のことにもつながって。私にもこの言葉をよく語ってくれました。

「あしたもがんばろう」

晩年、寝る前に毎日言っていました。自分に言い聞かせていたのかもしれませんね。自分に課してやっていたこともあるから。

「こつこつやると時間はかかるけど、目に見えてくるものがあるから人に頼まないで何でも自分で」

私は小さいときからずっと、まわりの大人に何でもやってもらっていたでしょう。だから結婚しても、その癖が抜けなかったのね。何かあるとすぐに「やってもらったら?」って言ってたみたいなの。それでお父さんに「英子さん、何でも自分で。1日でできなかったら2日かけて、2日かけてできなかったら3日かけて。こつこつやると必ず自分のものになるから。そうしたら自信になるから」と言われてねえ。お父さんがいたときは、私の気づかないところでいろいろしてくれていたけど、今はひとりだから。ひとりで何でもやらないといけないの。そうしないと私は何でも頼っちゃうから。

「自然がお手本。シンプル・イズ・ベスト頭に描いたものをすぐ紙面化する。フリーハンドで描く」

アントニン・レーモンドさんのところで過ごした5年間でしゅういちさんが身につけた考え方。これがしゅういちさんの核になっていました。この家もその考え方で、公団の退職金を使って建てたの。

「お母さんは白が似合うから」としゅういちさんが注文して作ってくれた英子さんのスーツ。特別な日に袖を通す。

「お母さん、人間の手で書いたものは捨てないでとっておいてください。とっても大事なものだから」

お父さんは具体的には何も話さなかったけれど、自分で書いた投函前の手紙や、友達からの手紙などを私によく見せてくれました。仕事も夜中に家でやっていて、それも見せてくれたり。

そういうところからも私にいろいろ教えてくれていたんですね。

「英子さん、大事なものには立て札を立てておかないと」

最初に庭に雑木を植えたときに、私が好きな花もいろいろ植えたのね。だけど、たとえば、テッセンみたいな花は冬になると棒切れみたいになっちゃうでしょ。それをお父さんさんにいつの間にか切られちゃって。だから枝だけになってもわかるように、目立つ黄色で立て札を立ててくれました。

そのうち、農具にも黄色い柄をつけてくれて。道具の置きっぱなしをやめなさいって言うのではなくて、置きっぱなしにしても気づけるように工夫をしてくれる。そういうところがしゅういちさんらしいところでしたね。

「これが雑木林になると、
冬は葉を落として
暖かい西日を家の中にいれてくれる。
夏は葉で西日をさえぎり、
家の中を涼しくしてくれるよ」

高蔵寺に移り住んでからというもの、一株一株スコップで穴を掘って、土を入れ、雑木を植え、それが育って今のようになりました。

年月をかけて木が育ち、最初に建てた家から、機織り部屋、子ども部屋、農小屋をつくり、ため込んだ原稿などを入れる書庫も建てて。

お金がたまったら、ひとつ、またひとつってね。300坪のこの敷地には、どこを切り取ってもしゅういちさんの足跡が見られますね。

しゅういちさんのイラストコレクション

手描きのよさをとても大切にしていたしゅういちさん。記録のためだけでなく、手紙に、おもてなしに。いろいろなところにメッセージつきのイラストがていねいに描かれていました。

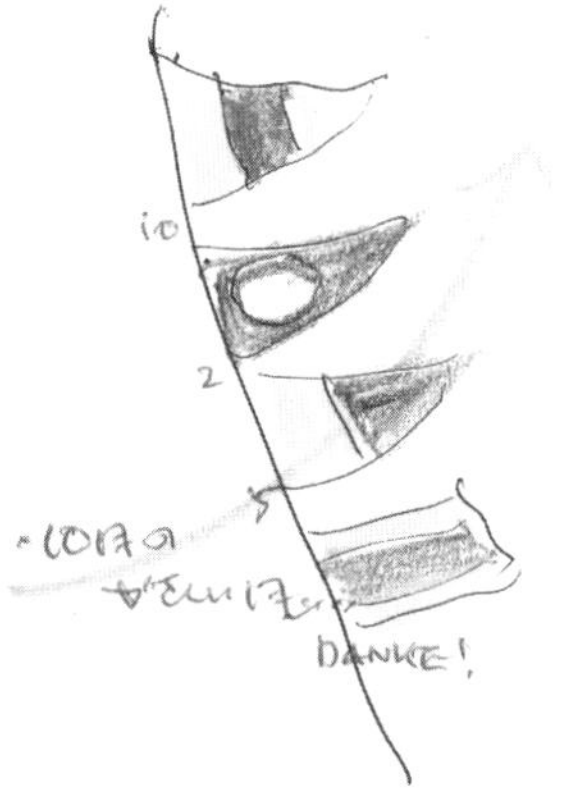

うちわには半袖のつばた夫妻が。描いたときの季節も伝わってくる。

来客席には「いらっしゃいませ　どうぞごゆっくり」と書かれた木製プレートを添えて。

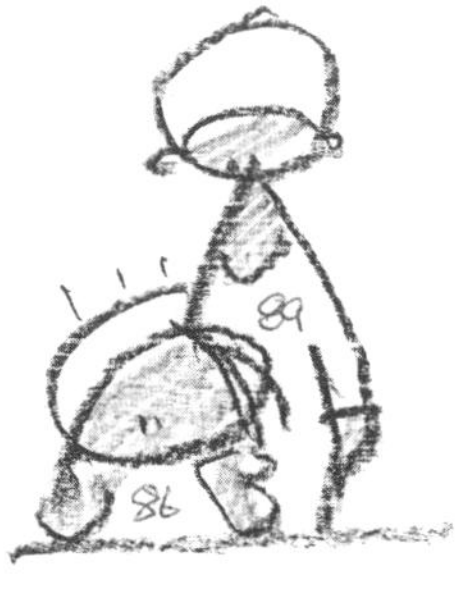

ふたりのイラストにはその時その時の年齢を記して。2015年のお正月用に作った凧が今も残る。

『あしたも、こはるびより。』の出版記念の木製のプレート。挨拶状がわりにお持ち帰りいただくため、一枚一枚直筆で作りためた。

88歳タヒチ旅行用のリュック。背中部分にはしゅういちさんひとりの画。「私は行きませんでしたからね」と英子さん。

おわりに。

　私は小さいときから、昔からわが家を支えてくださった大勢の中で育ちました。そのため、いつも人に依存することが多かったように思います。

　結婚して初めて主人から、ひとりでできることはコツコツとやること、そうすれば新しいことが見えてくるし、とても楽しいことだ、と教えられました。

　主人は日常あまり話をすることもなく、自分の書いた原稿やお友達から届いたお手紙、その返事、講演のたびに書く原稿等、60年にわたり私に読むように勧めてくれました。何も知らなかった私、何もできなかった私ですが、今日の私に導いてくれた主人に感謝しています。

　いままで2冊の本とこの最後の第3弾も主人がいたからできたことです。

　また、ライターの野々瀬さんや、カメラマンの田渕さんらが一生懸命毎月

一度、家に来られて感じ、撮りためてくださったおかげでできましたことと感謝しています。愉しいことが大好きな主人でしたし、みなさまと食事をし、お菓子をいただいてわいわいやった思い出がよみがえってきます。

私も来年90歳。病気をしないように今まで通り食に気をつけ、次の世代に迷惑がかからないように、一生懸命毎日のノルマを決めてそれをこなし、年を考えず老いも見つめず、ただひたすら生きることが大切と思います。

ひとりで暮らすことは、自分が意識してやろうと思わない限り何も起きません。とにかく動くこと、何かやることで自分に常に言い聞かせないといけません。

今まで考えなかった老いを生きることは大変なことだと、ふと思うこともあります。愉しいことを考え、好きなことをやって生きていきましょう。

英子

これで、英子さんとしゅういちさんの
畑の中に
ちいさな丸太小屋を建て
機織りをして、野菜をつくり
みなさんに差し上げ
手間ひまを惜しまない
丁寧な暮らしのおはなしはおしまいです。

おはなしの続きは、別のところでひっそりと。

みなさんも「あしたもこはるびより。あとみよそわか」に過ごしてくださいね。

つばた英子

1928年生まれ。キッチンガーデナーとして大地に根差したていねいな暮らしを実践中。89歳になったいまも、手足の運動を兼ねて毎日1時間の畑仕事を続けている。「老いが追いかけてくるから、自分でできることは自分でやらないとダメね」

つばたしゅういち

1925年生まれ。東京大学卒業後、アントニン・レーモンド、坂倉準三の建築設計事務所を経て日本住宅公団へ。広島大学教授などを歴任後は「お金より自由時間」をモットーに自由時間評論家として妻の英子さんと共にていねいな暮らしを実践。2015年6月2日、お昼寝したままその生涯を終える。享年90歳。

装丁デザイン　池田紀久江
取材・文　野々瀬広美
撮　影　田渕睦深
校　閲　滄流社
企画・編集　吉川亜香子

きのう、きょう、あした。

著者　つばた英子
つばたしゅういち

編集人　遠藤 純
発行人　倉次辰男
発行所　株式会社 主婦と生活社
〒104-8357　東京都中央区京橋3-5-7
編集代表　tel 03-3563-5194
販売代表　tel 03-3563-5121
生産代表　tel 03-3563-5125
http://www.shufu.co.jp
製版所　東京カラーフォト・プロセス株式会社
印刷所　大日本印刷株式会社
製本所　株式会社若林製本工場

ISBN978-4-391-14976-0

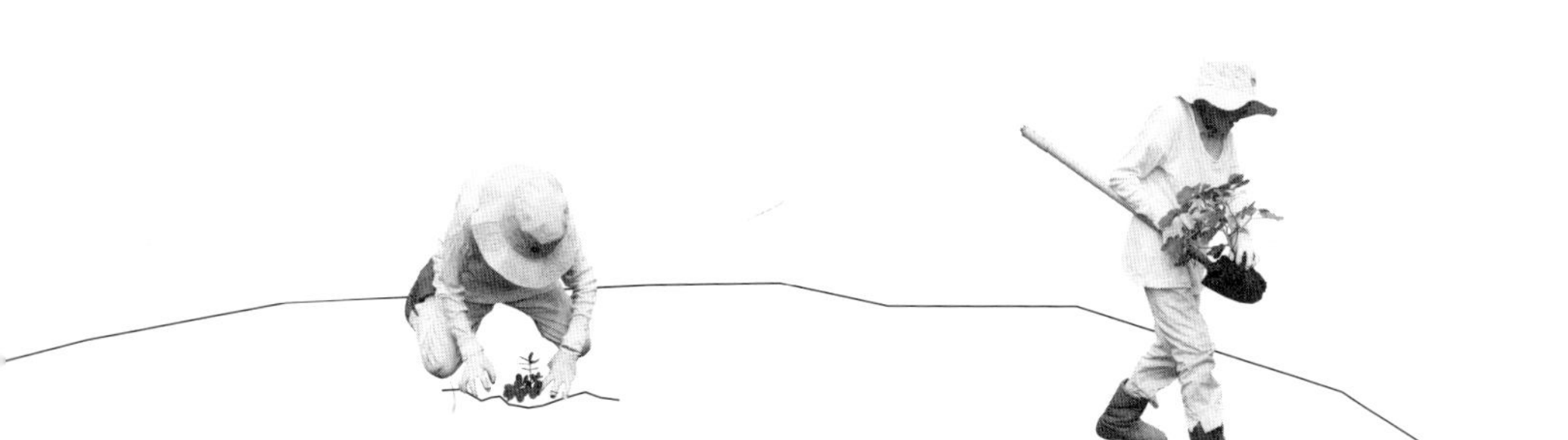